小吃研究所

帶著筷子來府城上課…………下冊

|王浩一・著|

自序

老菜市仔的人文美食尋寶記

每個小鎮都有一條最熱鬧的「中山路」，一邊是小鎮香火最鼎盛的寺廟，創建的時間可能比小鎮興起的年分更早，另一邊則是「中山市場」，多是早市，人聲鼎沸，有趣的是小鎮美食有一半多藏身其中。這些美食攤位大多又是三代相傳，五十年的歲月算是資淺了。這是我開始遊走台灣各地小鎮之後的總心得。

那麼府城——台灣最資深的舊城，一座變化不大的歷史街道城市，比許多歷史小鎮更久遠的老菜市仔們，裡面應有更多隱藏版美食。五代相傳，百年老店，那些當地人才理會的，我們應該去瞧瞧，尋寶。

一百一十年前的府城，「台灣府」城門、城垣都還在的年代。一九〇五年，海峽這一邊以明治三十八年記錄，海峽另一邊以光緒三十一年稱謂。同一年，同盟會在東京成立了，在日治時期的府城，民權路一段則創建了一座現代的「東市場」。

當年城東的各庄鄉民，包含關廟、歸仁、仁德等地，都是從「大東門」進城，直接到民權路一段的「東市場」採買，那是日治時期興建的一個方方正正，鐵架搭建的建築，建築體的中間有一方天井，那是供給販賣蔬菜的小販，清晨四五點時天未亮，他們從產地摸黑趕路到此，可以清洗菜柄根鬚上泥土的地方。

當然，也有許多殺豬宰羊和殺雞宰鴨的店家來此清洗販售的牲畜，在那個沒有自來水的年代，一個天井兩口水井的規劃，算是很現代化了。府城許多做大生意、小生意的，就這樣集中在「東嶽殿」後的「東市場」，那是個人聲騷動，交易量驚人的做生意好地方，台南有許多商場名家都是從此市場或是周遭不遠處脫穎而出。

今天東市場內外攤位依然精采，我喜歡市場外有八十年老店「廣興肉脯店」，我也常常閒逛市場內的老餅鋪、豆腐老店、雞蛋糕店、第四代的魚攤、百年柑仔店……也去走訪一九五一年五月二十五日創店的「麵條王製麵店」。中午，就在市場內的阿婆乾麵攤，或是魯麵攤，享受庶民家常麵……。

至於住在北台南的人要進城，大都由「小北門」（今天西門路三段民德國中校門口），進了城門接著自強街，當年叫做「大銃街」的老街。街名很有意思，那是因為乾隆六十年（一七九五），小北門外增建了大砲台（大砲台語叫做大銃），用以護衛台江內海和造船廠，因而得名。當年這條老街（今天的台南人大約都已搞不清到底在哪裡了），可是熱鬧繁華、交易活躍的商店大街，進了城，沿著大銃街一小段，有一座橋「德安橋」，橋下川流而過的小河在府城的歷史上可是赫赫有名，稱之「德慶溪」。

一六六一年，鄭成功率領大軍從鹿耳門水道進入台江內海後，就是溯著德慶溪深入到赤崁北邊登岸的。歷史記載當天鄭成功的船隻從此經過，到了我們目前說到的德安橋位置時，也就是德慶溪注入台江內海處（當地人稱此處為「水仔尾」），曾經遙拜二十公尺外以草屋建構的「開基天后宮」，祈求登陸平安。後來鄭成功還願酬謝媽祖的庇佑，將其改建為磚造結構，「開基天后宮」成為台灣最早的民設媽祖廟，後來人們稱其為「小媽祖宮」，與「大媽祖宮」稱之的「大天后宮」做區分，今列為國定古蹟。

我們再把歷史場景拉回乾隆年間以後的大銃街，那是城外各庄鄉民進出小北門的交通樞紐。如果我們說「大銃街」是當年府城連絡諸羅（今天的嘉義）、彰化、台灣北部的要道，套用現代名詞，就是清領時期的「台一線」，這樣有沒有對「大銃街」（今天瘦瘦小小的自強街）的歷史地位尊敬一些？對於周遭市定古蹟「烏鬼井」、國定古蹟「三山國王廟」和剛剛提過的「開基天后宮」，雖沒有列入古蹟但也是重要寺廟的「台灣縣首邑城隍廟」，這樣介紹有沒有多一些時空的了解？

而這些城北鄉民經過了這裡，大部分的人，其實都是要到「鴨母寮菜市仔」的，就在今天成功路與忠義路三段交口處，今天這裡的美食依然讓人驚喜連連。

至於城南鄉民，包含茄定、喜樹、鹽行、湖內等，則是由「小西門」進城，到了今天「保安宮」前的保安路，當年那兒有條清溪「福安坑溪」，雖然叫做「溪」，但不寬，當地居民直接稱之「大溝」，沿著大溝自然形成一處叫做「排市仔」，就是形容一條長長的市集，這是「保安市場」的前身，從香火鼎盛的保安宮旁延伸出來，後來遷建到不遠處的大勇街，二〇〇五年，市場改建成二樓建築，有手扶電梯設備，即使這樣，市場內外店家仍然臥虎藏龍，許多美食家也會到這裡尋寶。

城北和城南之間，就是「台灣府」的大西城門外的城西區了，在五條港時代，「水仙宮」因臨「南勢港」港道盡頭，是五條港水陸樞紐，商旅雲集。乾隆年間，三郊在水仙宮設立了「三益堂」，使得水仙宮躍為城西商業中心，四周市集熱鬧喧囂，茶樓酒肆市聲沸揚，那是台灣當年最熱鬧的地方。雖然今天水仙宮已被市集店家包圍，可是這個曾經風華了兩百年的水仙宮老市場，歷史久遠，藏有許多「活化石級」的先民生活寶貝店家。我常說，台南舊城的日本料理店主廚與法國餐廳主廚，都說他們到水仙宮市場採買海鮮的時候，你就應該知道，這裡不僅是家庭主婦的天堂，也是美食達人的祕密基地了。

一九〇五年，東市場創建同時，在今天中正路的「西市場」也創建了，建築體更漂亮，規模也更宏大，是當時全台灣最華麗的市場建築，屋頂為馬薩風格，上有老虎窗，入口有圓山牆。當年的規劃是批發市場，非常精采的南台灣第一規模批發市場，販賣各種雜貨及新鮮貨品，一共有數十個攤位，近幾年已列為「市定古蹟」。「西市場」又稱為「大菜市」，光復後有一段很長的時間稱為「西門市場」，是老台南人的驕傲。昭和八年（一九三三），日人為了增進銀座之商業，乃於西市場周圍建築店鋪，稱為「淺草商場」，商場內有各式商店。戰後，西市場與淺草市場曾經繼續風光一陣子，目前已沒落。

但是沒落了十幾年後，漸漸重新調整腳步。二〇一五年夏天，有一位在市場長大的熱血文青陳一銘，紐西蘭奧克蘭大學畢業後，曾到日本等多個國家遊學，回到成長的老市場，接下羊肉攤位後，改賣改良過的薏仁甜點。他也策展市場的老故事，在西市場旁待修香蕉倉庫裡，展名稱之「大市場小故事」，說的是市場裡那些認真的小人物，展出的一張張照片的笑容都是真情。目前進駐西市場的新店約有八家，且多是三十歲上下的生力軍，營業項目包括杏仁茶、薏仁、法式甜點等。這群年輕店家希望利用原有的店面活化西市場，推廣成為在市場吃下午茶的場所，感受不同的市場氣氛。

百年老市場，仍有一些老攤，但在「台南學」的啟動下，開始活化中。

目次

小吃研究所：帶著筷子來府城上課——下冊

學分八——海鮮是主角，還是小吃

學分九——台南人愛喝湯

學分十——日治時期後的美食小抽屜

學分十一——這個茶那個茶，都不是茶

學分十二——甜點，喜新戀舊的幸福味道

學分七——糯米的傳統美食

中醫說「糯米」：味甘、性溫，入脾、胃、肺經，能夠補養人體正氣，吃了後會全身發熱，具有禦寒、滋補的作用，適合在冬天食用。糯米具有補中益氣，健脾養胃，止虛汗之功效，為溫補強壯食品，對食慾不佳，腹脹腹瀉有一定緩解作用。由於糯米富有柔黏性，難以消化，脾胃虛弱者不宜多食。

營養師說「糯米」：含有蛋白質、脂肪、醣類、鈣、磷、鐵、維生素B1、維生素B2、菸酸及澱粉等，營養豐富。因為含有維生素B群，有助於恢復活力、提升食慾；富含磷，可以協助澱粉與脂肪代謝，供給能量。

文史工作者說「糯米」：一年生草本植物，是「稻」的黏性變種。春秋戰國時期，由北方傳入江南。這是古人甜米酒的主要原料，這種稱之「醪糟」的甜米酒，又稱酒釀、江米酒、甜白酒。味道很甜，含有一定濃度的酒精但又不像通常的酒。除了甜酒，古人在九月九日也有「吃蓬餌」習俗，所謂「餌」就是古人的「糕」。糯米總留下古人飲食習俗之中，特別有韻的文化尾巴。

老饕說「糯米」：糯米，分長糯米與圓糯米，除了外觀之外，兩者之間的差異多以口感區分：長糯米煮起來較不會黏糊，比較會維持顆粒狀，口感較硬，圓糯米煮起來較易綿糊。所以如果不是要磨漿製粿的，食物仍要維持粒粒分明狀態的，像是米糕、粽子、油飯等等多是選用長糯米。如果要磨漿成「米粹」，再製成湯圓、酒釀、年糕等等，則是換圓糯米當主角上場。比較「吸水性」，長糯米吸水性比圓糯米還小，以黏稠度而言，圓糯米較長糯米更佳，所以質地較軟的圓糯米較適合「甜食」，而長糯米一般都用來做「鹹食」。

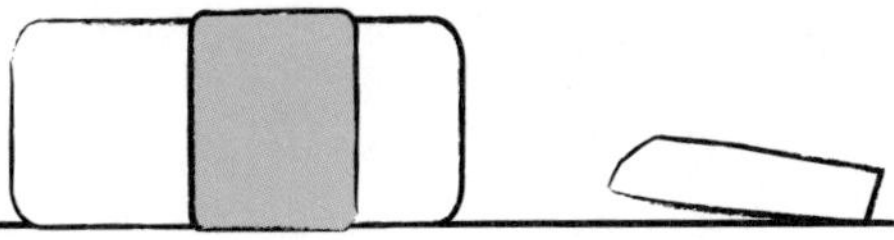

米糕粥。

第一堂

摻幾滴米酒，在冬風裡暖心又暖胃

古語中有「糯米粥為溫養胃氣妙品」之稱，台灣稱此美食為「米糕粥」，是古早味的甜品。做法簡單：選用圓糯米滾煮，途中放入適量桂圓提味，當糯米煮得透軟，加入適量砂糖（加入冰糖更佳）即可。祕訣是熬煮過程要不斷攪拌，以免黏鍋。

台南國華街三段「西市場」（台南人稱之大菜市），市場建築已被列為台南市定古蹟，這一片小吃集中區，日治時期與「沙卡里巴」，

瓷磚攤面設計，冬風起那一鍋米糕粥便恣意飄香

在中正路的左右兩側，同時齊名。因為當時大菜市內有數間戲院，看電影是大正年間時髦的休閒活動，進場前或散場後，台南人習慣在附近吃些點心。有聲名遠播的小卷米粉、芋頭粿、魚羹、意麵等等和馳名的老字號「江水號冰品」。延續到今天，府城人每到中正路逛街，總還習慣的轉到大菜市內，吃碗八寶冰或是愛玉冰。

如此超過八十年歲月的「江水號」冰品老店，從日治時期就這麼經營至今，並非觀光的熱門地點，卻依然有老台南人頻繁進出。每當長夏走盡，寒風初起，他家的大口老鍋便煮起了「甜糜」，琥珀色中帶有焦糖味的「米糕粥」上市了，這是「冬日限定」的舊城經典美食。

「江水號」溫熱的糯米粥，喝起來濃郁細

下班時刻前去，鍋底朝天前最是美味時

緻，軟糯米與甜糜湯化為一體，濃稠無間，一入口就化融了，優雅的糯米香，和桂圓散出的貴氣香，混搭起來十分美好，糖味也優雅。如果，你在店攤前就食，記得跟老闆要求加些米酒，幾滴足夠，整碗米糕粥更有了幸福味，酒香一閃即過，喝完，會覺得周遭冷空氣不算什麼了。

一江水號一
台南市中西區國華街三段16巷13號
06—225—8494

糯米大腸。

第二堂

傳統市場裡，綁著肥腴豐滿的經典美食

古早味的糯米大腸，一定有油蔥調味，如果是台南味，則裡面還有大量的鮮花生，吃起來軟香。有些地方的做法則改入香菇片與蝦米，我個人偏好肥肥的花生仁。好吃的糯米大腸其實工序細微，食材講究。首先，一定要選「真的豬大腸」，不是坊間的化學合成大腸皮，接著「清洗腸衣」是真工夫，費時費力。

預備工作：長糯米要先泡過水，同時花生也要煮熟。熱鍋以紅蔥酥爆香，放入浸泡後的糯米混合拌勻，依序加入所有調味料，也把花生仁加入，開始翻炒。將炒好的糯米餡塞入大腸，一邊放入，一邊用筷子或擀麵棍往另一端洞口處擠壓，適當長度用綿繩綁起來，收口打一個結。如果腸衣中空氣太多，可以用針戳一個小孔讓空氣排出。注意：糯米餡不可以灌太滿，手摸起來要有一點鬆鬆的感覺，否則蒸製之後會爆開。烹煮方法不同，也有人放進鍋中加水（蓋過糯米腸）煮三十分鐘（中火）即好。

台南水仙宮市場內，有一走道就是神農街，沿路約有五六處小攤，都販售著傳統糯米大腸，我試過每一家的味道，品質整齊差異不大，韌嚼香腴，蔥米黏糯，味道濃郁。每次到了水仙宮市場買菜，總會買些糯米大腸回家。

然而要書寫《小吃研究所》，總要挑選一家最厲害的。也是水仙宮市場附近，有一爿小攤「阿枝阿嬤手工糯米腸」，更具古早味的情境。古蹟水仙宮旁的民族路上，屬橫越景福祠前巷子的路口，舊地名被稱為「三巷街」，現代的街道名稱是「普濟街」，阿枝阿嬤的小推車就在民族路口。阿枝阿嬤的糯米大腸屬於厚實的真大腸皮，每條糯米腸的頭尾都用古早鹹草綁著（這是五〇、六〇年代時的傳統用法，草繩叫做鹹草，古時候都用來綁魚綁青菜），更讓人感興趣的是，已經賣了六十年的阿婆，依然用古時的秤錘來秤重，她說「安捏卡準！」阿嬤的糯米腸好吃，也懷舊六十年來不變的古早味。

—阿枝阿嬤—

台南市中西區民族路三段與普濟路交叉口

阿枝阿嬤的「賺吃的秤子」有一甲子的歲月

米糕。

第三堂

淋上豐腴肉臊滷汁，記得佐四神湯

台南街頭「米糕專門」名店數量不少，每個老台南都有自己的愛店，這一味府城小吃，已經綿延一百多年。它不同於「筒仔米糕」，筒仔米糕比較接近油飯，但它卻是在竹筒或鐵罐中炊煮而成，口味濃郁但是過於軟綿，缺乏嚼勁。至於，台南風的米糕層次更高，烹調工序也細膩多了，糯米一定是炊熟炊透，不能下水煮過以免破壞口感。精準地說，台南米糕是油飯二・〇版。舊時，油飯有甜有鹹，多用在祭祀、嫁娶、滿月與其他民

一大盤的旗魚魚酥敞開著，肉臊鍋裡的滷蛋浮動

俗節慶，好吃，可是平日吃不到，所以有了衍伸的平日版的米糕，成了勞力人口，平時墊肚子的點心。當時沒有紙盒、塑膠袋，所以外帶會以麻竹粽葉包裹米糕，至今，台南店家依然維持傳統，主要是透氣（防止魚酥潮軟），一方面也添增竹葉香氣在米糕裡。

品鑑一碗好的米糕，先看長糯米，是否選用「老米」，嚼勁才會出來，否則軟綿無力。所謂「老米」就是稻米收成後，收藏擺置超過九個月者。如果選用一斤老米，約可有四十碗量，如果是新米則約有五十碗，有些店家貪便宜省成本，用新米製作米糕，不僅美味失真，而且失格。總結，糯米不能太濕嫩，黏結成團，要粒粒分明，但也要Q糯不乾，保持嚼勁。

第二要品鑑肉臊，一定是肥豬肉連皮切丁（手工切更佳，個個像小型東坡肉最佳），先以紅蔥酥爆香，加上醬油等調味，熬煮到軟爛入口即化，撇油工夫也不可少，才能肥而不膩。這個部分，每家的「那一鍋」都不一樣，工夫真章都在這裡。淋上肉臊滷汁之後，再擺上些許「魚酥」在碗緣，如果是新鮮爽味的旗魚魚酥，那就太好了。

再附上一些大而鬆軟、滷入味的花生更佳。有些店用酸甜的小黃瓜，有些店用醃漬白蘿蔔，我偏愛去油膩的小黃瓜（魚酥也是解油膩與提味之用）。當然，再點一碗絕配的四神湯佐食，這就是府城百家爭鳴的米糕。

—榮盛米糕店—
台南市中西區沙卡里巴（康樂市場）內第106號攤
06—220—9545

—保安路米糕店—
台南市中西區保安路16號
06—224—8112

—落成米糕店—
台南市中西區民族路二段241號
06—228—0874

—下大道米糕店—
台南市中西區康樂街6號
06—221—0076

—水仙宮米糕店—
台南市中西區民權路三段44號
（民族路三段與國華街三段交叉口）
06—220—2407

雙糕潤。

第四堂
皮餡合而爲一，
明鄭時期遺留至今的超級美食

「雙糕潤」用國語發音，應該沒幾個人認識，如果改以台語發音，哦……許多人一定說「好久沒吃了，好懷念哦！那真是個好吃的東西。」我承認，旅居台南之前，沒吃過「雙糕潤」，幾年前美食田野調查時，在一爿傳統粿鋪初體驗，當時驚為天人。之後每年清明從台南返鄉掃墓祭祖時，總會拌手這個美好神奇的糯米粿點心。

台南多處傳統市場裡，多有一爿老牌粿鋪，賣有蘿蔔粿、油蔥肉臊粿、九層粿、甜芋粿、鹹

上下兩層麻糬，夾著五層相間的糖餡與薄麻糬

芋粿、紅龜粿，還有菜燕。也販有傳統經典的豆糬（包綠豆泥的麻糬）、香粿潤等等。其中的蘿蔔粿、油蔥肉臊粿厚實寬圓，買家可以自己決定大小塊。九層粿、芋粿、雙粿潤、黑糖粿則是事先已切成菱形塊狀。然而這些傳統美食背後卻有一則動人的故事。

話說明鄭時期最後一年，鄭克塽決定降清，寧靖王朱術桂則決定殉國，在他安葬了五位也殉死的侍妾（埋骨處後來成了五妃廟），到了湖內（高雄市湖內區）開發的農田處，召集所有佃農，謝謝他們二十年來的協助，然後撕去他們昔日的借據，甚至將所有田產分贈給大家。之後，自縊殉國於自宅，佃農們把他與已過世多年的元配合葬於農地，同時起造了九十九座假塚，避免改朝換代後被清兵汙衊。這些忠心的佃農都會在寧靖王的生日、忌日、清明、過年等等重要節日，製作當年明鄭時期的粿餅祭祀，一代傳承一代，兩百多年清領時期就這樣默默過去了，他們始終如一。到了日治時期，有些湖內人把這些粿餅拿到傳統市場販賣，久之，這些粿餅世家開枝散葉，台灣頭到台灣尾也有了這些傳統美食，當然，精采度都不及原創的湖內人。

台南保安市場二樓「阿華粿鋪」，掌櫃的雖然是台北三重姑娘，二十多年前嫁到高雄湖內，從夫家習得一手府城道地古早味的各式各樣的「粿」藝。其中特殊精采的傳統美食「雙粿潤」，粿的基底食材是圓糯米，磨漿成了粿粹，蒸炊成了麻糬，取適量鋪成底層，往上擺有幾個不同甜餡層次，有花生加芝麻的，有龍眼乾泥的，不會太甜，少量的白砂糖和濃郁的黑糖混搭，其中龍眼乾的甜味和香氣非常彰顯，最上層也是麻糬皮。最後整個再蒸過，白白麻糬皮與內餡合而為一，冷卻後即可切塊，看那斷面秀即可知道這個雙糕潤有多麼誘人了。

—阿華粿鋪—

台南市中西區郡西路35號（保安市場二樓）

雙糕潤：皮餡合而為一，明鄭時期遺留至今的超級美食

椪舍龜。

第五堂 小巧茶點吃相優雅，早年有錢人家的必備茶點

北區的北華街，老街內有一ㄐ老店——「金加紅龜店」，除了傳統紅龜粿著名之外，這間老店有一隱藏版的甜點「椪舍龜」，這是早年有錢人的下午茶甜點，如今市面罕見。

話說此地近早年的「總爺老街」，鄰近區域都是有錢人家，其中一位鄉紳吳椪舍，樂善好施，曾在地方開辦學堂，是當地的名人。他曾要求糕餅店依自己口味特製的糕點，因為尺寸較小，吃來吃相較為優雅，引發不少店家效仿炊製，糕點

有了紅印記，總覺得它變得更美味與喜氣

遂被稱為「椪舍龜」。算是一則有趣的典故。

椪舍龜的粿皮，由「生的圓糯米」磨製成「粿粹」，包入餡料，在竹籠炊蒸多時即成。椪舍龜外型小巧，白色外皮蓋上紅色印章、豌豆餡，滋味迷人。因為成了有錢人喜愛的點心，趨附者眾，曾在府城流行一時，目前只剩「金加紅龜店」秉持傳統做法繼續販售。金加紅龜店至已近七十年歷史，因為時代演變傳統糕點沒落，王家第三代不願接手，而第二代王盤銘年紀已長，仍不輕易放棄，就盼為老滋味多延續些時日。

「金加」至今仍遵古法製作，以木屑、柴火為燃料，大灶蒸炊。所有餡料都是王家自行燉煮、調配，以維持純正的好味道。每天仍固定製作紅龜糕、芝麻糯米包，還有，逢年過節則增製應景的菜包、甜糕、鹹糕、紅圓、發粿等。

「椪舍龜」既受老一輩喜愛，近來也愈來愈多年輕人開始品嚐

老店每天依然販製幾乎消失的點心「椪舍龜」，白色小巧可愛的外觀，粉狀豌豆是主餡，口感與印象中的紅龜糕截然不同，甜中略帶鹹味，乾口，豆香洋溢。迄今仍受老一輩喜愛，也有好奇的年輕人循線上門品嚐。台南的光華女中每年新生入學，都會來此訂購椪舍龜給新生吃，裡頭包的是青色的碗豆，隱有「青青子矜」之意。高一新生，約是十六歲，府城有「做十六歲」的習俗，光華女中吃「椪舍龜」嚐鮮，也有勉學子們「已經十六歲了」涵義，真好。

|金加紅龜店|

台南市北區北華街113號

06—229—4996

干貝糯米香腸。

第六堂

香腸加干貝的鮮甜，享受複合式滿足的香腴豐富

「大腸包小腸」是受歡迎的一道夜市小吃。那是把一段糯米大腸（多是以化學合成大腸皮所包）上下剖開，中間塞夾著一根香腸，然後在炭火上烤著，塗抹濃稠重鹹的醬汁，邊走邊吃好不愜意。可是因為夜市價錢有限制，相對所夾佩的香腸豬肉品質，實在有商榷的空間，而且肥油橫溢，膩味十足。在此特別介紹府城美食的練家子：真正「包」非「夾」的糯米腸包香腸，感受香腸加干貝的鮮甜，融合糯米的香綿滋味，

咬下，嚼和在口中，享受一種複合式滿足的香腴豐富。

台南有許多香腸老鋪，肉香豐腴各有千秋，勁度口感滋味相異。但是取現宰的前後腿溫體豬肉，角切大塊肉，調以多種養生中藥香草，再加金門高粱酒調味，所製成的獨家藥膳香腸卻是少數。「不老莊」是府城的香腸名店，位於南門路孔廟門口正對面，泮宮石坊旁，地點醒目，遊客如織。因為以特別豬肉選材與調味，藥膳香腸與眾不同的醇厚口感，香味迷人值得介紹。不老莊以同心圓方式把香腸完全隱藏於糯米大腸之中，需要切開斷面才能看到一輪紅馥香腸肉，秀色宜人，咀嚼適口，美食享受與散步啖食同時兼具。

關於重口味這事，我也偏愛他們家的「麻辣臭豆腐香腸」，製成像香腸模樣的麻辣臭豆腐，

在炭火上炙烤，外皮焦脆，一口咬下有 開的感覺，然後濃郁的麻辣臭豆腐味道，在口腔內爆發出來，香熱，麻辣，鹹趣，酥脆同時發生。

一不老莊藥膳香腸一
台南市中西區南門路53號
06－226－2288

切開的斷面秀，證明美味總是厚工而且誠意

第七堂

不只是粗飽的早餐，
用月桃葉包裹的台南小吃經典

花生菜粽，是老台南的獨特美味。廣為人知的府城「四大」傳統早餐之一。有人擴大範疇：經典的老台南早餐有「六寶」：「三米、二湯、一麥」，分別是菜粽、鹹粥、米漿、魚丸湯、牛肉湯與魟爐燒餅。

說說「菜粽」，就是月桃葉裡面只單單包著糯米與花生的菜粽。外地人實在不容易理解，為什麼府城人可以把這樣「粗飽的菜粽」，當是早餐？

菜粽的月桃葉有特殊香味幫助消化，也可提味

其實這是有深厚歷史背景的舊事。話說，康熙二十三年，台灣歷史從明鄭時期進入清領時期，許多鄭家政權的御廚們不願領取清朝的俸祿，他們寧願在廟口、在街道擺攤賣起小食點心，這是台灣的小吃元年。隨著時間流逝，府城人也從這些御廚們的街頭小吃學會了什麼是「美好的食物」，當然他們學會了美食的品味與烹調手藝。那是「小吃元年」的背景。

乾隆年間，台南舊城西有「五條港經濟圈」，風華蓬勃，在寬廣的人工運河四周，市集喧囂，茶樓酒肆、青樓妓院，市聲沸揚。府城這時有非常多腰纏萬貫的商人。但是，要知道一個錢多多的商人背後有更多的勞力階層，他們不停地付出體力。這些人有的是碼頭的苦力負責搬運貨品，有的是航行在五條運河上船隻的水手們與縴夫們，這些船隻在有風的時候利用風力進出，沒風的時候，只能在岸邊拉著船，一步一步在外港與商店街旁的碼頭之間。這些工人，用辛勤的勞力推動當年經濟貿易的流動力量。

他們每天早上出發前的早餐，就是以「菜粽」為主食，紮實的糯米可以讓勞動者不至很快就空腹力衰，而且食材價格便宜。當時，府城東邊、南邊有許多稻田，生產豐富，甚至可以外銷廈門。最重要的是，府城美食料理的巧意與專業，綁菜粽時不選用竹葉而是一種特殊的月桃葉，像是野薑花的長葉，蒸煮後它會分泌一種特別的黏液，可以幫助消化（肉粽有豬肉有油脂，它可以促進消化，純粹糯米反而傷胃），而且月桃葉的香味也有相同功能。最厲害的，菜粽店家會熬製特有的蘸醬，再覆蓋上滿滿的香味花生粉，也添上一些香菜段子。最簡單的食材，竟成了人間美味。

｜圓環頂肉粽・菜粽專家｜
台南市中西區府前路一段40號
06—222—0752

｜沙淘宮菜粽｜
台南市中西區西門路二段116巷內
06—258—3211

｜老店菜粽・肉粽｜
台南市中西區西門路三段23號（近立人國小旁）
06—221—8594

米糕冰棒。

第八堂 超越半世紀的枝仔冰，既創新又傳統

有人在團購美食網路留言：「米糕很特別，要不是Eva大力推薦說米糕冰棒好吃，我大概不會想試它，因為這口味太特殊了，很難想像哩！不過，咬了一口後滿驚訝的……口感非常紮實，裡頭真的有米糕，還有龍眼乾！就像在吃甜八寶粥哩！」

她說的是位於延平郡王祠前巷弄裡的「順天冰棒」，一爿台南老饕都知道的冰棒老店，五十多年來累積了十二種口味：從花生、紅豆、芋頭、綠

小巷裡的招牌，高高舉起召來舊雨新知

豆、米糕、龍眼乾、牛奶、雞蛋牛奶、咖啡牛奶、巧克力牛奶、檸檬、李鹹等等。味道傳統，倒是「米糕冰棒」讓第一次接觸的人有錯愕的感覺，但是如果知道了「米糕粥」冬季限定的美食，大概就能欣然朵頤米糕粥冰棒了。

然而，如果簡單想像成冰凍版的米糕粥，那又太輕視這間老店的美食功力了。

順天之所以能在府城冰棒界執牛耳，在於食材的精挑細選與熬煮火候，同時兼顧湯汁與主食材之間的比例，因此顯得「誠意十足」——內容豐富而紮實，不是只有米糕粥湯湯水水凝結成冰棒者所能想像。順天先將糯米與桂圓熬煮成「類米糕粥」，湯汁不多但是濃稠，甜度恰當，冷卻後製冰。一口咬下，先是桂圓香氣後有糯米綿意，優雅的甜味擴散舌床，接著可以咀嚼到糯米香腴的顆

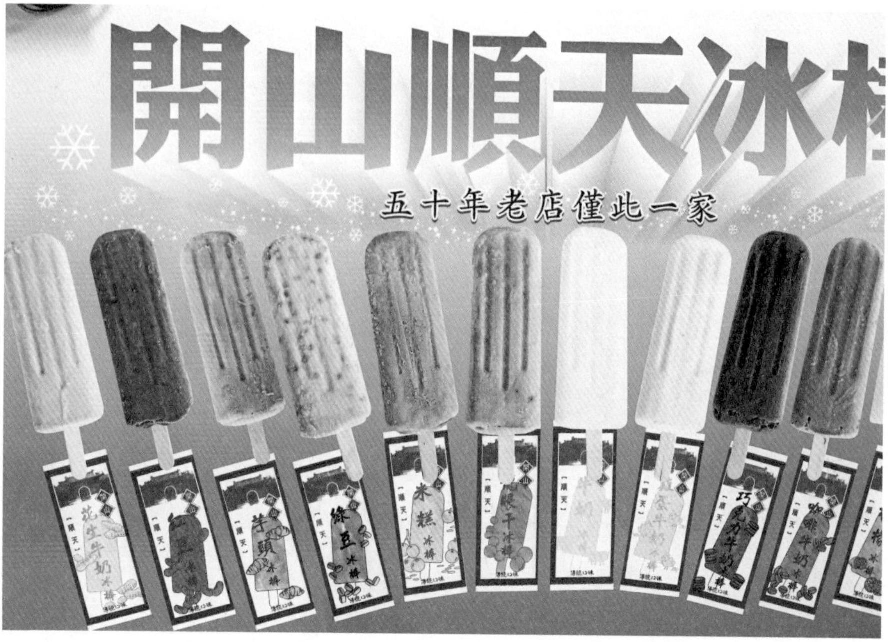

五十年老店，陪伴三代台南人成長的古早味冰棒

粒存在感，不顯，但卻可滿足頰齒的翻動！除了米糕冰棒，我極度推薦花生口味，完整飽滿的花生香與濃稠度，加上甜味和諧，這是近乎藝術品等級的小吃。

｜開山順天冰棒店｜
台南市中西區開山路151巷7之1號
06—213—5685

學分八—海鮮是主角，也是小吃

海鮮包含魚類、蝦類、貝類。世界各地沿海地區對於海鮮料理各有千秋，環地中海的國家多有精采陽光料理，日本的生魚片文化別具一格，華人社會對於魚類的料理更是多樣而創意不絕。

對於海鮮，我沒有什麼抵抗力，從西班牙海鮮燉飯、法國馬賽魚湯、義大利海鮮湯、日本握壽司、生魚片等等來者不拒。對於上海菜的龍井蝦仁、江浙菜的醬爆紅蟳、蘇州菜的松鼠鱖魚、廣府菜的紅燒鮑魚、潮州菜的鴛鴦膏蟹、福州菜的雞湯氽海蚌等等，我也沒有錯過。大宴小酌之間，海鮮確實是令人垂涎的佳餚食材，如果烹調得宜，炆、煀、燒、炒、燴、煠、炊、烤、炰、燉、燔、燜等等，皆是神奇鮮腴美味。

台南有安平港，源源不絕提供豐富的漁獲，而且自鄭成功年代所開始的養殖業，從最早的虱目魚到其他魚種，奠定海鮮基礎。過去，府城的經濟高度發展，飲食型態豐富，而遠從澎湖海域捕撈來的多樣海鮮，陳列在傳統市場，三百多年來，滿足世世代代的府城老饕。這些富已過三代的府城人，深深知曉「吃」的真髓，我喜稱他們是「歪嘴雞」，對於美食的一切細節，講究，挑剔，也頗富心機。海鮮美食等級是從日常品、確幸品，到奢侈品，分成三種層級，不同場所，不同排場，也在意不同目的。二十年來，我在府城舊時光裡探尋，追蹤美食的演變，也記錄前人的菜香餘韻。

台灣四面環海，鮮魚的取得並不困難，早年，沒有冷藏設備，剩餘的漁獲製成魚丸，或是徹頭徹尾油炸熟透，方便儲存。魚食當是祭品時多是油炸處理，有美食考量，也有方便保存的心思。這些因應的方式，也多了品食的多樣性。數十年前，有了冷藏設施加上遠洋漁業的崛起，這座舊城的海鮮更豐富了。

梳理府城海鮮美食，真是驚人。我是來自山城的人，到了這座城，開啟了所有解放的味蕾，請隨著我的理解與經驗，一起大快朵頤吧！

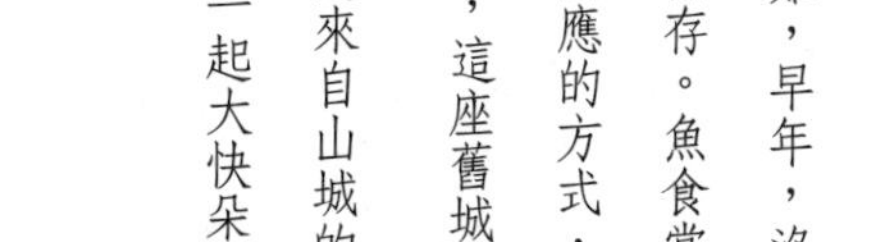

第一堂

府城小吃俐落古風，眞材實料就是最好裝潢

虱目魚鹹粥，這可是府城老饕口中的經典。不過品嚐鹹粥之前，要先認識「虱目魚」，英文名字「牛奶魚」Milk Fish，因為牠具有牛奶般的高營養。牠也是台灣地區重要魚種，被賦於「台灣第一魚」的尊位，更厲害的是牠也被稱「國姓魚」，相傳國姓爺鄭成功啖嚐虱目魚的鮮美之餘，也獻給明末魯王品食饗饌。魯王在賞味後特別賜名「國姓魚」，因為此魚是「國姓爺鄭成功」所晉贈。這是「虱目魚」升格為「國姓魚」的由來。

攤面上擺著大盤碩大肥嫩得蚵仔、去皮除刺的魚肉

「鹹粥」是老台南人的傳統早餐之一，經典、廣泛，而且綿延了三百多年。府城有許多提供虱目魚早餐的料理店家，每家的韻味皆不同，各有專精。有以虱目魚肚為主的鹹粥，店家將生米放入魚骨高湯中煮軟，吸收鮮汁，但米粒尚未糜爛，呈透明狀，米漿也尚未滲出到湯頭裡，這時便把米粒撈起，如此，湯頭才不會呈黏糊狀，這就是火候關鍵。這種烹煮調法叫做漳州、泉州的「半粥料理法」，頗有古風。

我過去介紹府城虱目魚鹹粥，總以「阿憨」當標的老店，但是自從他們營業延長到晚餐，我就不再去了，正如府城著名的「金得春捲」餡料以火腿代替蝦仁，這是「嚴重失格」，我已將它從美食清單中移除，也不再介紹這一家。關於鹹粥，好消息是府城仍然有許多保有古風的老店，一些是老饕的口袋名單，位於中西區大勇街的「無名鹹粥」就是其中之一。這次，我們就改到這爿一樣好吃的私房小店——雖然簡陋了些。

其實，府城小吃的「最好裝潢」，就是真材實料呈現，像是石精臼蚵仔煎攤子前，擺開的堆疊雞蛋、大盆蚵仔、肉臊鍋、豆芽、茼蒿等等。同樣的，大勇街的這家鹹粥老店，也是把鹹粥所有的食材展開：滿滿豐美鮮甜的蚵仔、處理乾淨無刺的虱目魚片、魠魠魚塊等等「擺陣迎客」。湯頭是魚骨輕熬，鮮甜，因為不久燉，所以沒有酸味，保有清爽的鮮韻。府城的鹹粥飯粒都不熬成糜爛，以保有飯粒整體形狀（飯量不多），也保有粥湯的澄透感（避免渾濁）。盛碗後，加入香蔥酥和芹菜末子，提味也爽口。

每次店家食材備料有限，賣完，收攤回家，過自己的小日子去……這才是府城的小吃美食俐落古風。吃不到，明天請早。

「無名鹹粥店」

台南市中西區大勇街83號

鄉間虱目魚風味。

第二堂
鮮腴甘醇的烹調，舉箸慢食滋味無窮

虱目魚是台灣地區重要魚種，在台南已養殖三百五十年，那是明鄭時期便已精通的「盎然食趣」歷史，進而在台南形成獨具一格的虱目魚料理。虱目魚被賦於「台灣第一魚」的尊位，也有稱其為台灣人的「家魚」、「平民的皇帝魚」，在台南市高達五千公頃的養殖面積，居全國之冠。老台南人都懂得整隻魚或魚肚部分，可以或煮或煎或烤；魚頭、魚尾、魚腸及魚皮可煮湯；魚腸及魚皮趁新鮮還能汆燙，搭配薑絲，再蘸調汁而食。

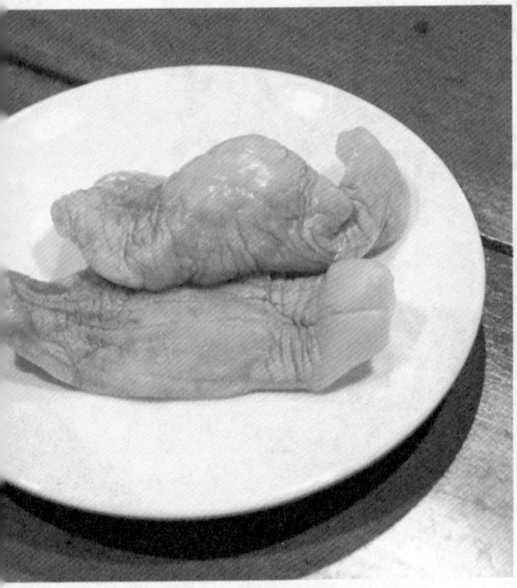

百年的老房子，真是合適大快朵頤古早味

近年府城聲名大噪的正興街，街上蜷尾家霜淇淋小鋪已成地標之一，其右前方小巷，「小滿食堂」就隱身在一座百年的老房子裡。「小滿」是二十四節氣之一，排在立夏之後，「物至與此，小得盈滿」，其含義是夏熟作物的籽粒開始灌漿飽滿。「稍得盈滿」，還未成熟，只是小滿，還未大滿。這是對穀物的描述，也是古人的哲學態度。店名取得如此精采，食物風味如何？

這是一間雙主菜套餐的店家，一道肉，一道魚，其中「家魚」虱目魚是永遠的「魚主菜」，上半年、下半年兩種風味交替，鮮腴甘醇的烹調，簡單，卻是滋味無窮。

話說早年台南農村生活，一些養豬人家會將捕撈到的小隻吳郭魚、虱目魚加鹽蒸過，當是豬隻的蛋白質營養，然後與地瓜籤再一起煮過餵食，稱之「豬吃路仔」。而農家生活，則選取大隻的虱目魚當成農人的蛋白質攝取來源，烹調方式簡單，卻是滋味迷人，百吃不厭。洗淨切段，水沸入鍋，同時丟入醃漬過的微鹹黃豆豉（有人稱之台灣豆醬），另外蔥段、薑絲也同時入鍋，調味後，關火續悶一段時間，即可食用。入秋之後，農家醃漬越瓜，稱之「紅瓜脯」，略酸。他們會將其切片取代醃漬豆豉料理，又是一番人間美味，安心懷舊的好味道。

越瓜，產期是夏天的六至八月，醃漬後，秋後開始品食。醃漬過程為：先洗淨、去皮、對切、挖籽，再將越瓜裡外搓上少許鹽，充分日曬一天，適時翻面。另外將米醬，糖、鹽拌勻備用。越瓜曬後便可開始醃漬：米醬、越瓜、米醬、越瓜……逐層裝入玻璃空罐，最上層再放入剩餘米醬，封罐前倒入少許米酒隔絕空氣，以防越瓜敗壞，在陰涼處靜放三個月即可食用。

小滿食堂選用厚厚的無刺虱目魚（魚肉的上層）片，咀嚼紮實，與口感軟嫩的魚肚，撇去多餘的魚脂，兩種肉質與紅瓜脯同煮，烹調手法簡單如同早年農家，但是魚汁豐厚，魚肉鮮腴。身處一間百年老屋，舉箸慢食，更顯動人好味。

一小滿食堂一

台南市中西區國華街三段47號（後棟）

06—220—1088

土魠鹹粥。

第三堂

澎湖空運「提督魚」，外表酥黃內在腴嫩之不敗經典

也是鹹粥，只不過是以「香煎土魠魚」為主旋律。

台南有不同鹹粥店家，長時間熬煮甘美高湯，多是大骨、小魚和虱目魚骨的鮮味原汁。高湯裡，再加入生米同煮，米粥便吸附了魚湯的鮮香清甜。豪氣大量加入香煎過，再撕成碎塊的土魠魚，再加入蚵仔、蒜頭酥、蔥酥等。熱粥盛在碗後，撒上芹菜末、韭菜花柄末提味，濃稠順口，豐富細膩，不同於虱目魚肚鹹粥。當然，你也可以加

香煎虱目魚肚，我最喜歡兩側略帶酥焦的邊肉

點油條沾吸湯汁佐食，令人食慾大增，這是道地的府城老饕吃法。

你還可以單點整塊肉質滑嫩的煎虱目魚肚，煎得略帶焦脆的表面，外酥內嫩，非常經典。或是加點新鮮的魚腸，氽燙過，輕沾薄醬，佐配嫩薑絲，這是老饕的小菜。

「魟魠魚」是台南老饕的「夢幻之魚」。北風起，台南老饕和台南媽媽們知道「全世界最好吃的」魟魠魚也要來了，因為澎湖海域即將「大捕獲」這種屬於鰆魚的大型魚。他們會到水仙宮市場或安平市場選購新鮮、剛從澎湖空運來的「提督魚」，香煎，是最完美的料理方式，外表酥黃略焦，內在依然腴嫩。

為何稱之「提督魚」？那是有故事的，早在明鄭時期，台南漁民已在冬季頂著寒風在澎湖海域捕撈「魟魠魚」了。施琅率領清軍攻克澎湖之後，在台南的鄭克塽投降了，台灣進入新的清領時期，暫居在「寧靖王府」的施琅此時接受了漁民奉獻的「魟魠魚」，他讚美好吃，漁民於是改稱它為「提督魚」，那是因為施琅為水師提督之故。時間久遠，加上先民多不識字，容易「以訛傳訛」，最後讀音成了「魟魠魚」。

阿堂鹹粥，是台南最著名的「魟魠魚鹹粥」店家，也屢獲媒體與口耳相傳，成了「台南十大要排隊的小吃」前三名。台南的朋友都怨我，我也自責，在《慢食府城》披露的店家們，自此，都是外地食客聞香蜂擁，當地人不耐排隊，屢屢打退堂鼓。我總引用「文不對題」的「哲學說法」安慰滿是怨懟的朋友：「道行，則相為謀；道不行，則乘桴浮於海」。除了阿堂，台南還是有許多許多好吃的店家。但是，阿堂的美味值得排隊。

一阿堂鹹粥店一

台南市中西區西門路一段728號

06－213－2572

海產粥。

第四堂
看似簡單的庶民小食，卻是府城小吃驕傲的「神之粥」

十幾年前，我在一本日本雜誌上看到「石春臼海產粥」的報導，照片拍得極好。雖然內容文字不懂，但我依舊欣然前往，一試芳澤。十幾年過去了，第一代老闆陳武雄已因建康因素退休，現在是女兒掌廚，海鮮粥依然鮮美甘腴。我去，每次都把粥湯喝得乾乾淨淨，一滴不剩，總讚歎：「這是神之粥啊！」

民族路廣安宮廟前的「石精臼」（或是石春

小鍋裡先是盛上湯頭、薑絲，再加上各種海鮮

臼，以台語發音為準）廣場，當年可是府城的「小吃聖地」，擁有誰敢攖其鋒的國手級小吃高度精華區，之後，廣場的使用權被廟方收回，大夥仍打著「石精臼」旗幟，但已散居到各處。其中陳武雄的海產粥，落腳在今金華路現址，延續石精臼的傳奇。與陳老闆談到自家海產粥裡所使用那無人可比的新鮮食材時，他那神情與眉宇，是傳統府城小吃高度自我要求下的驕傲。

以柴魚不停熬「煉」的湯底，放了五種新鮮海產：鮮蝦、小卷、蚵蠔、蛤蜊和最重要的主角食料「蟹肉塊」，再添加大量筍絲，這是石春臼海產粥，之所以鮮味十足的充分條件。每一碗粥都是獨立以小鍋滾煮完成。近年，因為食材價格波動上漲，除了售價調整之外，「蟹肉塊」已經移出「標準配備」了，如果「增點五十元蟹肉塊」才能「全味」俱足。

滿得疊高高的海鮮料理，蘸些許的薑末甜醋

說是「粥」，其實比較像「泡飯」，為得是湯色完美，清邃而不濁。所有海鮮料湯，小鍋單獨煮畢，再倒入大碗公裡。碗底已經先盛好少許白飯——採用台東來的米，白皙、大粒、暗香、微甜。之後，撒上芹菜末子和蒜頭酥，上桌。粥料豐多鮮美，因為柴魚湯頭加上蟹肉所散發出來的甜味，讓整碗粥湯鮮而甘順。尤其是鮮嫩蟹肉塊，可以學得府城人的吃法：蘸些薑末醋，更顯得蟹肉的清鮮美味。

一石春臼海產粥店一
台南市中西區金華路四段142號
0929—101—611

蚵仔煎。

第五堂

有豆芽才是原味，咬一口海味在口頰裡濺迸

從民族路廣安宮廟前的「石精臼」舊聖地，到國華街三段，這家蚵仔煎除了占盡地理優勢之外，也是台灣「蚵仔煎的教科書」。目前本店家峙立在府城「午餐美食新聖地」國華街上，平日本地食客如潮，假日外地饕客如雲。如果你也來此地共襄盛舉，絕對不要漏了這家「我譽為台灣最好吃的蚵仔煎」。祕訣是：他們家添加了香氣四溢的肉臊。

你可以像我一樣，吩咐老闆多加 20 元蚵仔添味

蚵仔煎，經過這幾年的美食報導，大多人都明白這是鄭成功當年「美麗的創意」。故事大意如下：一六六一年，鄭成功率領大軍攻打在台南的荷蘭人，起初兩個多月，因糧食不足，鄭軍刻苦奮戰，與熱蘭遮城裡的荷蘭人僵持不下，甫開發的農地當然讓尚未有收成，遠從金門廈門來的糧食補給船隻，也常常青黃不接。眼看端午節即將到來，屈原是水神，鄭軍多是水師，祭拜屈原茲事體大，愁著沒有糯米綁炊粽子，於是簡陋地、以地瓜粉混水煎成一陀「怪怪的東西」，裡面有蚵仔、蝦仁，也有豆芽，調味後稱之「煎䭔」。

之所以有綠豆芽菜，那是明朝鄭和下西洋所遺留的習慣，當年因為保護瓷盤在搬運上下之際避免破損，總在盤與盤之間孵豆芽當是避震物，多日海上航程，這個豆芽也成了水手的青菜，一兼二顧，自此鄭軍船上也多有綠豆或是豆芽了。

換言之，今天得蚵仔煎一定得有豆芽才是原味。

至於從「煎鎚」到「蚵仔煎」的演變，則是感人的故事：第二年，一六六二年，端午節過後三天，鄭成功猝死，安平地區百姓不捨延平王。又過一年的端午節，安平人特別將鄭成功忌日與端午同時舉行，他們不綁粽子祭祀，反而以「煎鎚」代替。這個習俗，延續了近兩百年，最後的祭品造型也成了「加了雞蛋的蚵仔煎」模樣，而且成了安平小吃，更擴大為台南街頭美食。

不僅安平、台南、台灣，「蚵仔煎」已經成了華人美食的基本款，大陸多稱之「煎蠔餅」或「蠔烙」；少數地區稱稱之為「海蠣煎」（他們把蚝俗稱為海蠣子）；星馬一般寫作「蚝煎」（「蠔煎」的簡體字）。如果你宴請老外朋友，則告訴他們說這是Oyster Omelette，中文直譯為「牡蠣蛋餅」。

一石精臼蚵仔煎店一

台南市中西區國華街三段182號

06—223—5679

蚵嗲。

第六堂
小小攤位路邊飄香，撐起府城小吃一片天

蚵仔又稱牡蠣或蠔，是一種海洋底棲動物，屬於軟體動物門雙殼綱，多生長在鹹淡水交匯的溫帶河口水域。肉細味美，容易消化，含有蛋白質、維生素及礦物質、牛磺酸，具有豐富營養，被歐洲人稱為「海中牛奶」。

早在漢朝就有「插竹養蠣」的記載，說明中國兩千年前即已開始養蚵，這項技術不斷改良精進，明鄭時期隨移民傳入台南。至今，台南沿海

排排站的酥脆炸物，永遠吸引我的注目

約有九千多座浮棚蚵架，占了全台浮棚蚵架半數。每年三至六月，不冷不熱時期，正是盛產期，好吃而且便宜。

既然介紹了「蚵仔煎」，接著介紹它的兄弟美食「蚵嗲」吧。蚵嗲的英文是Oyster Fritter，fritter指帶餡的油炸麵團。這是創於清領時期的台灣小吃，因為當時台灣西岸以台南為中心，北上到彰化的鹿港、王功漁港；南下到高雄近海都有養殖「蚵」，蚵嗲這種油炸小吃，也成了沿海城市，漁港的普遍流行。而台南究竟是美食重鎮，安平的蚵嗲做法成了標準作業程序，台灣各地跟隨發展，迄今。

在國華街三段，「石精臼蚵仔煎」斜對面，路邊也有一小小攤「春蚵嗲」，位在兩間店家之間的柱子前，在此也賣了三十多年。一大鍋油鍋，沸滾翻動著炸物，現做現炸，沿街飄香。他家的蚵嗲酥脆生香，佐料配菜更豐富了，有高麗菜、蔥、芹菜、豆芽菜和韭菜，切段或切末，再混進醃漬入味的豬肉片餡，當然白胖鮮蚵仔數量也不少。此美食稱之「蚵肉嗲」。「阿春」是現在掌廚姑娘的阿嬤，至於，攤位後的店家所賣的蝦仁肉圓，都是同一家人，味道也是推薦。

「春蚵嗲」小攤，總是圍著路過者與食客，停下腳步，讓剛剛在其他店家的美食消化一下，看著店家忙碌地炸地瓜、鹹粿、蚵嗲等等。台南街頭的表演美食，總是讓人嘖嘖稱奇，如此平凡的小攤，長年守著「最佳食材、簡單料理」，他們用美味撐起了天空，默默地成了台南街上不朽的風景。

位於安平舊聚落妙壽宮不遠處，有一爿小店「東興蚵嗲」生意鼎盛，假日期間為觀光客包圍，當地人只有趁著平日才能大快朵頤。他們家的內餡配料，有豆芽菜、蔥花、芹菜跟高麗菜等等，與純粹「韭菜蚵嗲」不同，味道多樣。蚵仔是安平近海現撈的，海洋味的甘腴非常明顯，佐配蔬菜的鮮甜，熱熱地一口咬下酥脆外皮，純粹的食材味道與沾上芥末醬油膏混合，這種味道「很台灣」。

—春蚵嗲小攤—
台南市中西區國華街三段169號
06—225—1006

—東興蚵嗲店—
台南市安平區古堡街1號
06—229—0249

蝦捲。

第七堂

嚴選火燒蝦切段入盤，口感香腴豐美妙不可言

台南小吃有許多品項源於福州，蝦捲就是其一。相傳在鄭成功率領大軍來台時，許多福州人擔任伙頭軍，他們漸漸引進家鄉的飲食習慣與烹調方式。福州菜素以選料精細，刀工嚴謹，色調美觀，滋味清鮮，講究火候而著稱。「福州肉捲」則在多海鮮的台南成了「安平蝦捲」，以普遍的火燒蝦仁取代了當年相對珍貴的豬肉，而且味道更鮮甜適口。這種長條的蝦捲，下鍋油炸前，多會切成約三公分的小塊，炸後成為一橢圓狀，像棗子，於是它成了台南人口中的「蝦棗」。目前，台

瀝油架上金黃的蝦捲，有不可名狀的美食魅力

南最好吃的蝦棗，首推「阿霞飯店」。

至於今天的「台南蝦捲」，其做法為先以鮮魚製成魚漿，取適量魚漿加入幾隻火燒蝦仁，混合高麗菜或芹菜、絞肉……等配料，用豬腹膜包裹成束，沾滿麵衣，再以花生油高溫香炸。台灣俗稱「網西」的豬腹膜，經高溫油炸後，原先分布在豬腹膜上的油脂會溶入到內餡，讓口感更加香腴豐美。

「黃家蝦捲」早年位於成功路上鴨母寮市場內，下午三點後，它可是整個已經寂然靜悄的老市場，唯一人聲鼎沸的地方，那是愛吃的老台南人都知道的祕密角落。營業時間一到，油鍋開始沸騰，每一桌都已坐滿食客，有舊雨也有新知，全都拿著筷子對著空桌子，耐心等候傳說中的「夢幻蝦捲」上桌，這個畫面真是有趣。這是九

蝦捲：嚴選火燒蝦切段入盤，口感香腴豐美妙不可言

〇年代的台南小吃傳奇，我曾經在此朝聖過，自今仍然深感榮幸。

創始人黃金水在日治時期，親自到大陸福州，向一位吳祀老師傳學得這種別於蝦棗的「蝦捲」傳統做法。台灣光復後，黃金水先生在赤崁樓旁石精臼附近擺攤販賣，三十年前再移到鴨母寮市場，由第二代黃大淮先生負責，十年前又遷往現址。

至今，「黃家」每天依然嚴選新鮮肥碩的火燒蝦，每一捲以三到五隻為主，混合「鴨蛋汁」拌和高麗菜和蔥，再以豬腹膜捏成十五公分長條後，裹上麵衣以花生油大火油炸約一分鐘起鍋，剛高溫油炸起鍋的金黃色酥脆蝦捲，排排站在滴油網架上，散發出迷人的鮮蝦香氣。剛撈起時溫度極高，所以如果要外帶，都以竹葉包裹，古味十足，不但可吸油、透氣，蝦捲外表也不會軟。如果店內饗食，蝦捲切段，入盤，再蘸上微嗆的芥茉醬和醬油膏，尤添風味。

一府城黃家蝦捲店一
台南市中西區西和路268號
06－350－6209

白腹魚羹。

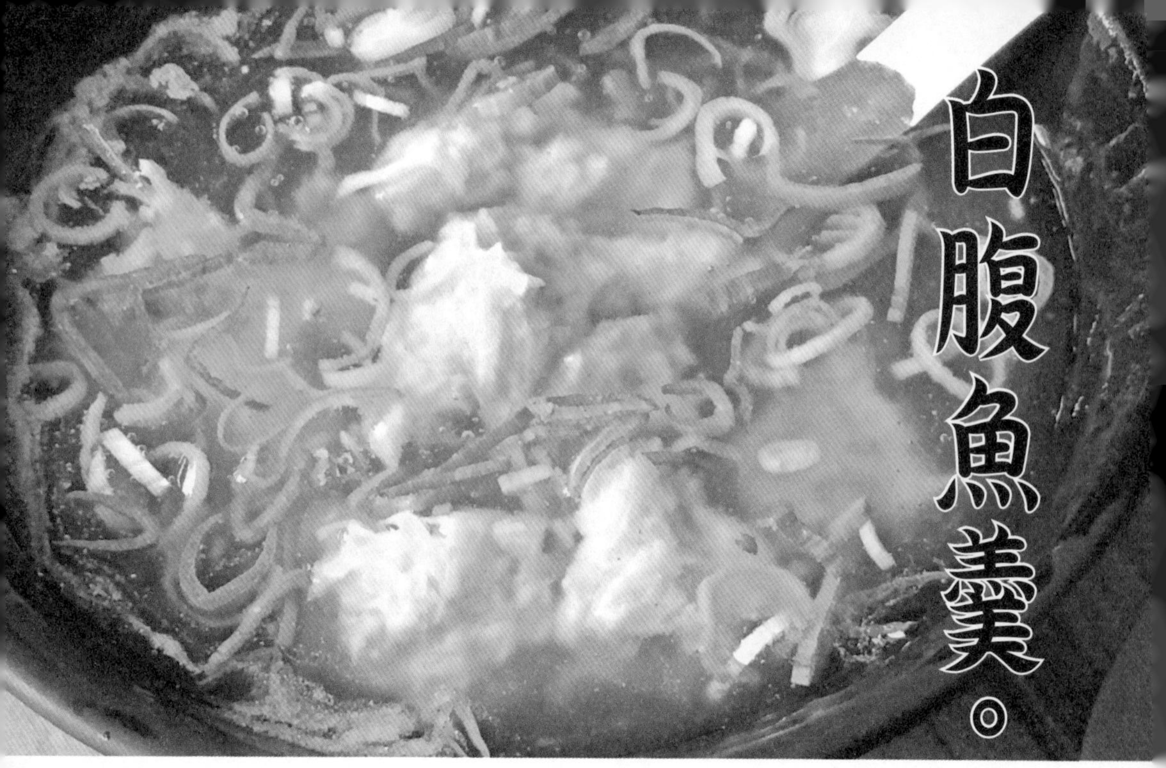

第八堂

湯色鮮美略霧，嚼勁彈牙之中帶有鬆綿

白腹魚羹，所謂「白腹」就是白腹仔（白北仔）、白腹鰆。鰆魚類係「鯖科」，體呈延長形，其橫斷面略呈長橢圓形，兩頜齒強大，向內彎曲；胸甲有些沒有。鰆之種類甚多，最有名的「鰆魚三兄弟」魠魠魚、馬加、白腹仔，其中以魠魠魚體型最大（也是台南人的最愛）。白腹仔則是最貴的鰆魚（台北人偏愛此魚種），大魚的售價是同品質體型相當的魠魠魚兩倍價錢，市面常見都是一至二斤體型，大型魚可達八至十斤，頭小身體很寬。

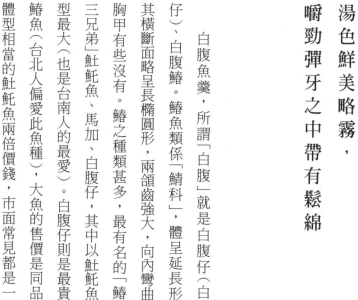

新鮮膠稠的魚漿，店家手工擠出小塊，下鍋烹煮

台灣海域全年都有鰆魚的蹤跡，數量最多在深秋之後，洋流水溫下降大量迴游到台灣海峽，像是淡水有馬加，鹿港有白腹鰆，澎湖與台南有魟魠魚。年關將近，澎湖魚市開始競標魟魠魚與白腹魚，那些大傢伙們隨便都是上萬元起跳，肥碩的鰆魚是豐年的象徵，上等魚肉的切片閃爍著油光，手指觸摸可以明顯感受魚油，下鍋香煎，馬上魚香四溢，入口的滑嫩鮮甜滋味，最能展現鰆魚的價值。白北魚羹就是指白腹魚羹，用得當然是便宜的遠洋船凍魚，跟魟魠魚一樣。想想，如果用近海魚來做魚羹，那一碗起碼兩百元起跳。

赤崁樓前有一間「呷霸白腹浮水魚羹」，以魚骨熬煮的湯頭，勾芡，以少許冰糖提味。厲害的是，魚漿會在店家一端「現做現賣」，從殺魚、切片、絞漿、焢魚骨湯一貫作業，擺明他家的魚是正港的。製作魚漿時，把白北魚碎肉加入「虱目魚魚漿」中，比例約是一半一半，用手輕柔攪拌，為的是不破壞白北魚肉的組織，魚皮也一併摻入，因為於魚皮營養豐富，最後再加入鴨蛋汁，可使嚼勁彈牙之中帶有鬆綿。

熬煮時不再添加其他調味。將處理好的魚漿搓成條狀，拋入滾水中，當熟了就會浮起（這是「浮水」一詞的來由）。食客可以邊吃邊看，開開眼界也吃得安心。湯色清鮮略略霧白，佐著切得纖細爽脆青蔥，魚漿適口香腴，我總喜歡再添加些許五印醋，增加蔬果的高雅酸氣。

你還可以加點一盤肉香可口，耐嚼醒胃的肉臊米粉，台南人稱炒米粉為「米粉炒」。米粉韌中帶綿，吸足肉汁，口感極佳。加點豆芽，淋上獨門特別的肉臊汁，絕對爽口！

一呷霸白腹魚羹店一

台南市中西區民族路二段343號

06—223—3634

白腹魚羹：湯色鮮美略霧，嚼勁彈牙之中帶有鬆綿

浮水魚羹。

第九堂
府城著名「白羹」，保留魚肉原色鮮透齒頰

台南羹湯類的小吃相當多，有魠魠魚羹、蝦仁羹、香菇肉羹、魷魚羹、花枝羹、虱目魚羹、旗魚羹、鴨肉羹等等。其中最常見的是「魚羹」，而魚羹種類眾多，以做法可分為魠魠魚羹與浮水魚羹等兩大類。「浮水」魚羹，簡單而精準的說詞就是：「煮好浮出水面的魚漿」的羹湯。其實，這些都源於福建菜的湯湯水水，福建菜簡稱「閩菜」，屬中國八大菜系，更準確地說，這種偏於酸甜，湯鮮味美，是為福州菜的特色。

不停攪動大鍋的羹汁，免得底部過熱燒焦

保安路一帶以賣魚羹出名的老攤有三家，當地人常戲稱：「一家做白的，一家做黑的，一家做紅的」。「黑的」指的是「阿川」䰶魠魚羹，是以切塊之䰶魠魚醃漬過夜，裹粉油炸，湯頭則是另外再以蒜頭爆香後加入鹽、糖等調味料加水與大白菜煮滾後勾芡，羹汁盛入已擺在碗公底的炸好魚塊，淹沒，再灑上醋與香菜即可。「白的」指的就是「阿鳳」浮水魚羹，浮水魚羹則以虱目魚、旗魚等魚肉拍打成黏稠魚漿，捏成條狀後置入滾水中，煮熟後浮於水面故稱浮水魚羹，再將煮過羹塊的湯水加入調味料後勾芡即成羹湯。紅的，留待下回分曉。

創始人林葉愛銀，阿鳳是她的小名，現今由第二代林炎生、洪蕙美夫婦及第三代林建良、林秀琪協助經營。「阿鳳」浮水魚羹是以新鮮旗魚和虱目魚的魚肚和魚背肉打揉成漿，因為不加任何

浮水魚羹：府城著名「白羹」，保留魚肉原色鮮透齒頰

府城「白羹」口感鮮美，味道清逸宜人

色料，所以顯現鮮魚的白肉原色，稍加調味後，揑成一條條的魚羹塊，丟入滾水中，熟了就會浮起來。湯頭，以煮過魚羹塊的湯水，再加入地瓜粉勾芡後，就成為清甜可口，像半透明奶湯，鮮透齒頰。阿鳳的浮水魚羹內餡包有虱目魚肉塊，不帶骨刺，吃起來除了鮮美的口感外，還多了魚肚的肥腴。

當客人點用時，事先煮熟的魚羹塊已經放入羹湯中，同時加熱，大杓舀起入碗，再加入香菜段子、大量嫩薑絲與香黑醋（五印醋，即是烏醋的一種品牌，屬於米醋），綜合味道令人覺得清逸宜人。

—阿鳳浮水虱目魚焿店—
台南市中西區保安路59號
06—225—6646

旗魚羹。

第十堂 府城著名「紅羹」，一匙沙茶醬畫龍點睛

台南西門路與府前路附近，早期分別稱之「小西腳」和「下大道」，小西腳是因為在小西門的城門邊；下大道則是鄰近「良皇宮」，祭祀信眾又稱大道公為保生大帝。府城人習慣稱「興濟宮」為頂大道，「良皇宮」為下大道。這些老地名，今天成了小吃的地標。稱「下大道」的有米糕、紅油抄手、旗魚羹、青草茶等等；稱「小西腳」的有碗粿、牛肉湯、青草茶等等。「保安路」為當時此區域的中軸線，周遭除了這兩個地名，這裡的小

大鍋旗魚羹裡有點綴紅番茄，好看也微俱果酸

吃逐漸靠攏集中，成了台南「小吃聖地」之一。

「保安路」附近著名魚羹，除了「黑的」阿川魠魠魚羹與「白」阿鳳虱目魚羹，與之三足鼎立的「紅的」下大道旗魚羹，其歷史也有六十年之久。只是虱目魚羹現仍在保安路，旗魚羹則幾經輾轉搬家，現在落腳隔壁條的路上。有趣的是，從阿鳳旁的小路走入，銜接大德街，這是從保安路到旗魚羹店最近的路。這小路是在地人常走的路，如果你去，也走這條小徑，你就成了驕傲的內行人，證明你也是熟門熟路的老台南了。

旗魚羹的第一代是林流女士，二十幾歲時就在友愛街南都戲院附近賣魚羹，六十年來，歷經三代也搬遷數次，最後才落腳大德街上。多年累積下來的在地客人，食客多有「從囝仔吃到做公」的，一代傳一代。傳了三代的旗魚羹，現在由家族親戚的第三代經營，小碗羹的價錢從六十年前一碗五毛錢，賣到今天一碗三十元。老店仍是每天到漁市買新鮮旗魚，再打成魚漿。魚漿捏成小塊入沸水煮熟，也定型、冷卻，等湯頭熬好再入鍋。

所謂「旗魚」又稱之馬林魚，是大型魚，肉色赤白，一般市面常見的有雨傘旗魚（芭蕉旗魚）、黑皮旗魚（黑旗魚）、紅肉旗魚、劍旗魚、白皮旗魚（立翅旗魚）五種。清朝時代已有這種熱帶海洋的捕魚紀錄，多出沒在台東、屏東海洋。簡單講，旗魚也是先民老饕最愛之一，因肉質鮮美，營養價值高，適宜做上等生魚片，當然旗魚鬆也是高級品。台南人也酷愛此魚，一碗米糕也會擺上一撮旗魚酥，去油膩。

湯頭做法，把磨碎的魚肉熬成旗魚湯，再加入番茄（酸味可去腥、開胃、提鮮，湯色呈紅色）與白菜（提供菜甜）和五花肉塊（提供豬肉香氣和油脥），最後加入太白粉勾芡煮成鮮美羹湯。旗魚羹上桌前，店家豪邁地再加上一匙沙茶醬（牛頭牌），桌上還有油膏（東成醬油）跟香醋（德成的一字牌，這是一定要添加的），也有蒜泥供食客自行斟酌。我去，總加點「五花肉塊」入羹，整整一大塊白肉不切片，直接一口一口咬下（大約分六次吃完），不油膩卻是嚼感適口。

一下大道旗魚焿店一
台南市中西區西門路一段703巷40號

𩵚魠魚羹。

第十一堂
府城著名「黑羹」，
乾濕分離讓舌尖有多層次享受

保安路小吃圈著名的「黑羹」，指得是海安路上的阿川𩵚魠魚羹，是魚羹世家，味道不俗，生意也頂好的。然而，我更想介紹保安市場前的「呂記」。

𩵚魠魚，日本人也吃，種類是「日本馬加鰆」，不但是高級的生魚片食材，也是「婚冠葬祭」必備的魚。台南人愛吃香煎的𩵚魠魚，厚厚的切面，外皮略焦酥黃，內部軟嫩鮮腴。關於如何「煎」，這有講究的規矩，台南媽媽都有她們的火候與手

魠魠魚的甘美，對於府城人有致命的吸引力

法。這是一座愛吃魠魠魚的城市。

除了香煎，魚羹則是最受歡迎的表現方式。台南的魠魠魚羹店家早年多是從「鄭記」系統「湠」出去的，湠就是開枝散葉的意思。八十多年前，創業的鄭忠枝退休後，「鄭記」老攤嫡傳給長子鄭金龍，大房的第三代如今也已上陣。另外，在台南也享有美名的「阿川紅燒魠魠魚羹」是三房在經營，「好味魠魠魚羹」則是五房在經營。

一九七八年，新安平漁港的碼頭開港後，加上新式冷凍設備的採用，遠洋漁業逐漸發達，漁貨源源不斷，四季都來有世界各海域的大鰆魚，街頭賣魚羹的攤子也漸漸多了起來。原先在「大菜市」賣菜的呂東和轉身投入賣魠魠魚羹，當初拜師學得傳統魚羹口味後，加上自己又進而研發，如何調味出更鮮美而好吃的口味，也就改行從事油湯業了。如今第二代呂憲諒也退休了，改由第三代上場了。

「呂記」前一天先把魚肉清理與切成條長塊，以鹽、糖及其他調味料醃漬過夜。油炸前，再以地瓜粉沾裹均勻，新鮮的香豬油熱到高溫時，魚塊下鍋，火候很重要，肉質不能炸得太老，外皮香酥又不能焦黑。過程之中要不停翻攪，避免一些魚塊沉在鍋底太久，大概熱炸六、七分鐘，起鍋滴油即成。

羹汁的鮮美，非常重要與講究。「呂記」的湯頭以柴魚熬製「煉味」而成。製作羹汁首先以大火爆香蒜末，加鹽、加糖、再加入柴魚高湯，勾芡，加入大把高麗菜，因為高麗菜汁甜久煮也不會變色，所以湯色清鮮佳妙。

你可以點食魚羹麵或是魚羹米粉。我呢？吃巧不吃飽，多是單純的魠魠魚羹，肉多料足，還是最佳選擇。而且我總吩咐店家，香酥魚塊單獨放置一碗，乾濕分離。這樣就可以一口魚肉，一口羹汁，交錯酥脆、鮮爽、香甜、微酸、嫩滑，細細品嚐。建議羹汁酌量加點辣椒細末，讓味蕾探索多一層次的享受。

一呂記魠魠魚焿店一

台南市中西區郡西街路47號（保安市場前）

紅燒花枝羹。

第十二堂

裹上麵衣下油鍋，口感肥厚甘美勁實

這是我常常造訪的一家店。貪戀花枝的海洋味道，一直是從小的迷惘，嚼勁滿足，鮮香悠遠。店家位於開元路上，鄰近有台南知名古蹟開元寺。此處與台南舊城有一段小距離，偏北區與東區的交接處，地址卻是位於永康區，鮮少外地食客，大都是當地的常客。當我充當導覽帶著外地來訪的朋友們，遊罷開元寺或是準備前往古寺前，總把此爿店當是下午茶的點心，來此點一客紅燒花枝羹，總受到友人高度滿意讚許（老饕們

我喜歡添加些許店家的自製辣椒醬，平衡所有的美味

的掌聲更多）。一路看古蹟，一路品小吃。這家是我的口袋私房名單。

花枝學名是「真烏賊」，又稱墨斗魚或墨魚，是軟體動物門頭足綱烏賊目的動物，最有特色是它遇難逃生的方法「噴墨」。其實，大多數的人搞不清花枝、透抽、小卷、小管、魷魚、軟絲仔、章魚等等有什麼不同。屬於烏賊科的花枝是「十腕」的一員。主要差別是：透抽、小卷、小管等，體內只有透明的長長的幾丁質內殼軟骨，而花枝的內殼為一塊船狀灰白色碳酸鈣質的「海螵蛸」。

「花枝達人」李榮桔，選用南海海域捕撈的新鮮花枝，精選花枝的尺寸大小，講究像手掌大的尺寸最適合花枝羹的烹調，口感最Q勁彈牙（太小的肉質鬆軟，太大的肉質柴硬，適合製作花枝丸）。花枝烹調前，去膜清洗，大片大片切塊，等重分量的計算，再以獨門醬料醃漬過夜，讓肉裡多餘的水分排出，同時讓香料入味。

「紅燒花枝羹」在切塊花枝外敷上特調麵粉，放入油溫兩百度的棕櫚油炸過，外皮金黃酥脆後，口感更覺得肥厚甘美勁實。羹汁的湯頭以柴魚做底，再配以鮮筍熬煮，裡面添有蛋花、蔥末、筍絲、柴魚片等，味道鮮甜甘美，絕不加味素。入碗後，最後撒上鮮綠香菜即成。為了保持羹汁美味，「台南紅燒花枝焿」龜毛到連辣椒醬或胡椒粉都是自己製做，主要的是擔心外購的佐料，萬一品質有了閃失，羹汁的鮮美就毀了。

有時，我只買油炸的「鹽酥花枝」外帶，趁熱以竹籤就口，巧香四溢，酥而不鹹，值得品嚐。另外，以自製的花枝丸煮湯，湯鮮適口，花枝丸彈牙脆勁，真材實料，也是佳作。

一台南紅燒浮水花枝焿開元總店一
台南市永康區中山南路40號
06—232—8510

小卷米粉。

第十三堂
府城第一小吃，這一味鮮甜悠揚經典百年

從「米粉」改稱「炊粉」的風波已靜，這事至少讓更多人知道所謂「新竹米粉」的成分，近九成店家的「米粉」充斥廉價玉米澱粉。許多人以為吃米粉可以攝取稻米完整的營養，更以為吃米粉可以間接幫助稻農，結果發現許多市售米粉含米量過低，甚至以價格低的玉米澱粉摻假，成了「玉米澱粉麵」。以前說惠安米粉傳到了新竹，因新竹的「竹風」，更加添味了米粉的嚼勁，而今假米粉滿街，真是讓人傷心的真相！

彈牙的小卷段子，攤開著海洋美好的呼喚

台南的小卷米粉，屬粗米粉的美食，我曾經採訪過他的上游「連發米粉工廠」，那是位於柴頭溪畔的老廠，創立於一八九三年，經歷了三代，第三代莊有福，依舊每天啟動著蒸爐，歷史性十足的老機器擠出府城韻味的粗米粉。我抵達廠房，一片濛白蒸氣，都是米香，只見幾座如城堡尖塔般的高大蒸籠，在風動之間露出尖頂。目瞪神馳這是什麼畫面？莊老闆握著米糰，說著這是百分之九十在來米的糙米與百分之十麵粉混合。麵粉提供黏稠筋性，這是純米不易達到的效果。我看著大孔洞的模器擠出長長的粗米粉，綿延不絕，工人將米粉盤置在竹篩上，準備回籠再蒸一次。心想，我待會就去「葉家小卷米粉」大吃特吃。

葉家，是台南小卷米粉的原創店家，最早位於西門市場。光復前後，市場旁有赤崁戲院，那是當時府城人休閒的最佳去處，府城人暱稱「西門市場」為「大菜市」。早年，葉國與長子葉海樹、次子葉水龍共同經營著名小吃「烏魚米粉」、「皮刀魚米粉」，食客絡繹不絕，但是烏魚和皮刀魚都有季節性的限制。

一九三八年，日治時期安平港興建完成，開始有遠洋漁船捕獲大量俗稱「小卷」的海產，引起葉國的興趣。多次研發烹調後，煮出的湯頭更加鮮美，小卷更有咬勁，配上特製的粗米粉，風味遠遠勝過時常斷貨的烏魚和皮刀魚，於是改弦易張，從此這種獨特風味的小吃深深吸引府城人，甚至成了台南著名小吃的驕傲之一，目前第四代已經上場幫忙了。

湯頭是「煮過小卷的沸水」，撈起燙熟的小卷，湯頭是「煮小卷的沸水」，撈起燙熟的小卷，把粗米粉洗淨後投入，米粉開始吸收鮮美的湯頭，膨脹飽滿，這時攪動會自動斷裂成每段約兩三公分，耐燉。客人點食時再將「又肥又脆，有時還帶卵的燙熟小卷」丟入湯中重新加熱，一起撈起米粉、小卷，些許芹菜、胡椒，滋味鮮美無敵。我去，多只吩咐「卷仔就好！」

有一次，李安導演回台南故鄉參加「金馬四十」大會時，特別指名要回味「小卷米粉」。台灣各式小吃，多年來已模糊地域的獨特性，但是台南獨有的「小卷米粉」，以新鮮的小卷海鮮和「糙米粉」配合而散發出的香味，卻是讓台南老饕和府城遊子回味無窮。這種獨特風味的小吃深深吸引府城人，甚至成了台南小吃的驕傲之一。

「葉家小卷米粉店」

台南市中西區國華街二段142號

06—222—6142

烏魚米粉湯。

第十四堂

荷據時期流傳至今，冬風裡安平漁港享受鮮美之味

冬至前後，講信用的鯔魚又來了，所以人們稱它「信魚」，人也稱它烏魚、烏頭、烏仔。烏魚是一種會隨季節洄游遷移的魚類，天寒，烏魚便會成群南下，到較溫暖海域產卵，這時正是公烏、母烏最富價值的時候，不僅肉質鮮美，更是魚卵與魚鰾最飽滿的時令。《本草綱目》：「生東海，狀如青魚，長者尺餘，其滿腹有黃脂，味美……。」

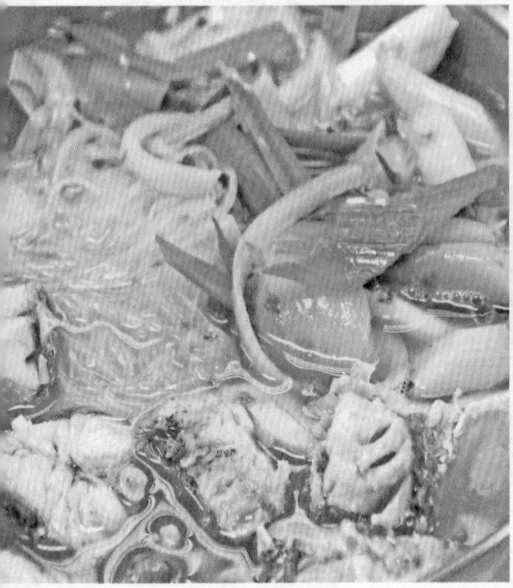

這是我的晚餐，蒜苗有畫龍點睛的美好組合

台南早在荷據時期，已經記載即對從福建來台灣撈捕烏魚的漁民，收取什一之稅；明鄭時期，捕烏魚的漁船，則要繳納漁稅，領取「烏魚旗」，才能捕烏魚。史料：「給烏魚旗九十四支，旗用白布一幅，刊刷烏魚旗子樣，填寫漁戶姓名，縣印鈐記，插於船頭，帶網採捕。」

康熙六十一年，巡台御史黃叔敬《台海史槎錄》：「烏魚於冬至前後盛出，由諸邑鹿港仔先出，次及安平鎮大港，後至瑯嶠（恆春的古名）海腳於石罅處放子（產卵），仍回北路。冬至前所捕之魚，名曰正頭烏，則肥；冬至後所捕之魚，曰倒頭烏，則瘦。」事實上，安平外海捕撈的南下烏魚油脂最厚美，所以早年府城人會驕傲地說，「拜王城」（熱蘭遮城於明鄭時期稱之延平郡王的「王城」）的烏魚子最「紅澤」，豐腴美味。

除了製作「烏魚子」，鮮美的烏魚肉也是台南老饕等了一年的美食，「烏魚米粉」是季節限定，熱鍋後麻油爆炒薑片，魚身切段香煎，外皮酥香，鮮美不腥臊。投入蒜白入鍋，邊嗆下米酒、醬油，待醬香味出來後，先將烏魚盛出（獨留魚頭待會兒在湯中熬煮出味），適量加大骨熬煮的高湯與油蔥酥，煮滾後，調味，放入米粉煮軟，再將之前盛出的烏魚肉塊放回鍋內，以小火稍煮數分鐘。起鍋時加入烏醋、蒜苗、香菜，撒下胡椒粉，即可。

安平的「慶平海產」是我在冬風吹拂之際，總想起那一鍋大大的「烏魚米粉湯」，它是店家招牌菜，吸收高湯精華的米粉更是軟而不爛，入口滑潤，最棒的是可以加湯、加湯，不斷加湯。冬天，台南人還是有幸福美食。可是，去年冬天，我大快朵頤之際沒拍照片，截稿前只得前去拍攝也是受歡迎的「白鯧米粉湯」，最後入鏡的卻是「鯕鰍米粉湯」，哈哈，人算不如天算，那天現場拍完了照的米粉湯，打包帶回家，還是一片驚呼。

慶平海鮮店
台南市安平區安億路462號
06－297－1985

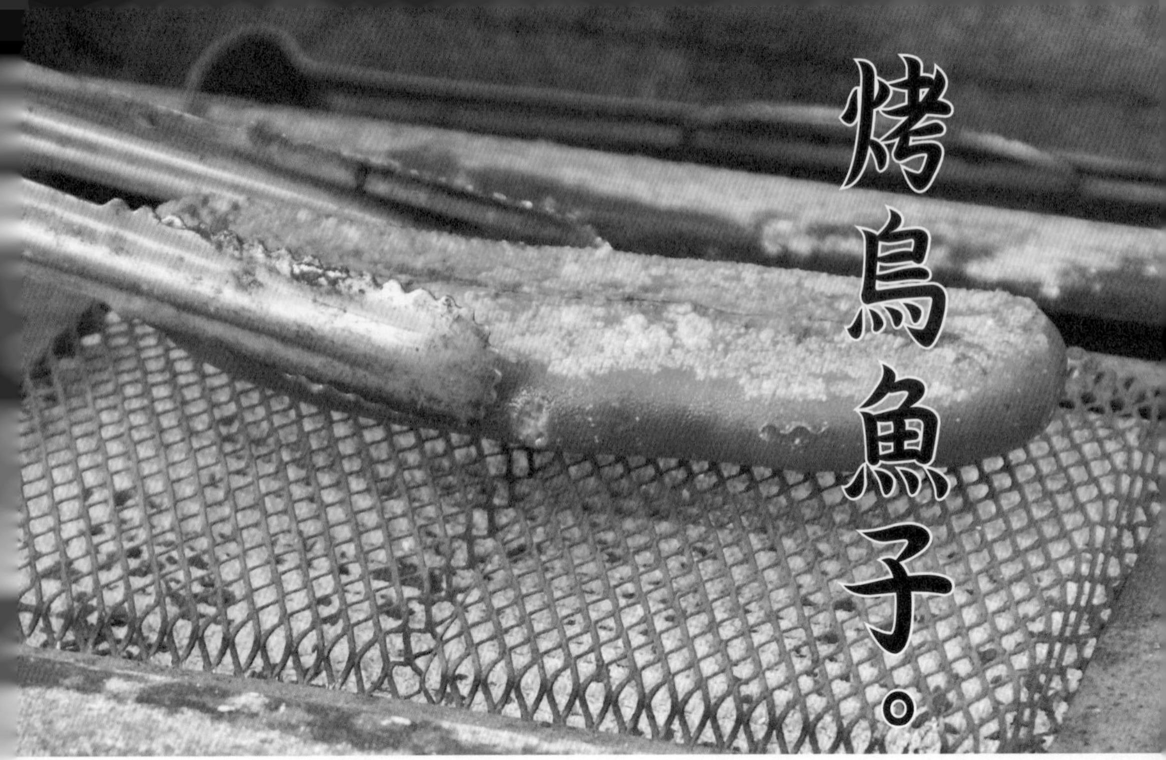

烤烏魚子。

第十五堂
烏魚子蒜苗蘿蔔片三合一，過年的記憶統統喚醒

烏魚子，台南人早在荷據、明鄭時期便是眾人皆知的冬季佳餚，只是前兩百多年來，製作品質比較粗劣。一直到了日治時期，一九〇八年，從日本長崎來了一位魚子達人，他以日本古法改變了原先台灣比較粗簡的工法，進而大大提升了烏魚子的美味。

烏魚子的製作方法：剛剛取出母烏魚的卵囊帶有腥氣，須先以大量清水洗淨後，開始敷鹽醃

環肥燕瘦的烏魚子，從醃漬、壓扁到日曬與風乾

漬，目的是去腥、殺菌、提味和有利長期保存。然後再清洗退鹹，適當程度的風乾工續，接著鋪上白細布，再以木板「壓製成形」，目的是使得烏魚子內部結實，口感飽滿，太軟或太硬口味就差了。壓形時還得兼具美感。如果壓得太輕，質地鬆散不紮實，不好吃。如過壓得太重，魚子又會爆開。如果爆開，這時，卵汁四溢的新鮮烏魚子只能沾滿打勻了的雞蛋汁，以平底鍋煎到酥黃，香酥好吃，但這也太浪費了，太對不起烏魚子了。

在家食用烏魚子，以燒紅的炭火烤炙，當然是好的，卻是麻煩。如果以平底鍋薄油煎炙，那會有油騷味，非常不建議。用烤箱，火力有限，火候無法掌握，風味也差了。有人說淋上高粱酒點燃，半掩鍋蓋，是辦法之一。我說，這是差勁的建議，酒味太強反而弱化了魚子原始的香氣，而且鍋底的火氣絕對無法燒炙出魚子的「暴烈香氣」，反而消弭了烏魚子的「美味精髓」。

基本上，烏魚子其實是吃「生的」，外表烤得炙熱，僅僅讓最外層的表皮小小魚卵熟透爆裂，產生極度鮮香味，但是往內則是維持醃漬豐腴狀態。所以，野生的烏魚子永遠比養殖的風味更加韻遠悠揚，就是這個道理。當然，如果只弄個烏魚子義大利麵，整付烏魚子切成小碎塊炒得熟透，那麼養殖的烏魚子就夠了，不必暴殄野生天物。

我採買烏魚子，都由店家以紅外線免費代烤，六、七百度高溫均火，三十秒搞定，連側面都一氣呵成，最後再以真空包裝。近日內如果會食用，不須冷藏（時間大約兩個月），直接切片（不要太薄），佐以蒜苗可讓香氣平衡適口，如果兼有蘿蔔切片則可淡化鹹氣。兩指夾著烏魚子蒜苗蘿蔔片三合一，入口，細細咀嚼，準備過年的喜氣通通由味覺的記憶，美好地喚醒。附記：「就算是同一根蘿蔔，頭、中、尾等三段也都有不同滋味。」通常露出土壤的頭段部分較辛辣，質地也較硬，冬天時切片與烏魚子最是搭味。

我曾學得台南「阿舍的吃烏魚子法」，在水仙宮市場旁民權路的一爿小店，有賣生猛蟹蟳，也賣野生烏魚子，他們可以代客電爐烤炙。我買了一付，烤畢，與朋友一人一貫，我們一手拿著市場買得的一根完整蒜苗，一手是溫熱不切片的烏魚子，兩者交錯入口咀嚼，豪邁得很。就在路旁石階「睥睨」路人，大口大口。

一蔡家烏魚子鋪一
台南市中西區民權路三段73號
06—222—9118

鯖魚炒飯。

第十六堂

魚香米香腴然，爆火快炒精氣神韻味十足

這是我的觀察：「十月鯖魚、十一月烏魚、十二月魠魠魚。」台灣的海域實在精采，不同季節，總有不同魚種洄游島嶼四周。幸福！

十月初，我去日本東京與京都，在百貨公司的地下樓的美食區，總看到一些店家有壽司師傅正在製作「鯖魚壽司」，他們採用日本海域所捕獲的特選鯖魚，以醋與海鹽醃製。壽司醋飯的部分則是用滋賀縣江洲米製成，最後以北海道天然的昆布，將大塊鯖魚切片和醋飯一起包捲起來。他

我到廚房，看著廚師大鍋翻動，飯粒躍起落下

們稱其「鯖姿壽司」，品食的時候，要先將外層的昆布拿下，先吃壽司，再吃昆布。

在東京銀座，隔著玻璃窗，望著「油脂豐富的肥美鯖魚」，我想起台南的鯖魚炒飯，魚香滋然的味道。我當時想著，嗯，回台南時一定要再去饗食鯖魚炒飯。

台灣也有豐富的鯖魚。在東北角的蘇澳漁民，他們在十月已經開始忙著「鯖魚節」的到來，蘇澳在宜蘭縣東南，三面環山，東臨太平洋，港闊水深，近黑潮與親潮的交流處，有大量魚群。「南方澳」位於蘇澳鎮境內東南方，有「鯖魚的故鄉」稱呼。鯖魚主要有兩種：花腹鯖與白腹鯖，蘇澳所捕撈的兩者都有。挑選新鮮魚隻，除了察看眼睛、魚鰓、手指輕壓魚肉之外，鯖魚扁身的比圓身的好吃：扁身的鯖魚屬白腹鯖（又稱之日

內行人細看炒飯的米粒，皆是精氣神俱足

本鯖），體型較大，肥滿度高，而花腹鯖（又稱之澳洲鯖），身軀較圓但肥滿度較差。

「老友小吃」菜單裡有多種炒飯，但我偏愛鯖魚炒飯，也屢屢向朋友推薦，甚至在臉書貼文。話說，一次到老友小吃，正在遲疑著吃啥炒飯？老闆極力推薦說，店裡剛來了一批鯖魚，來自南方澳，要不要試試？老友將魚清洗切塊過鹽輕醃，再以新飯刷過蛋汁，爆火快炒，一道「鯖魚炒飯」炒得精氣神，韻味十足。我搭佐著現煮的酸辣湯，那是一頓美好午餐。

－老友小吃餐廳－
台南市北區勝利路268號
06－235－7564

炒鱔魚。

第十七堂

魚片炒得爽脆，醬汁美味精緻的傳統味

鱔魚，正式說法是「黃鱔」，亦稱田鱔或田鰻，也有人稱之長魚、血魚。身體圓筒形，棲息在池沼、水田或河川中，穴居生活，對於環境的適應力很強。相傳，古代有些大力士，之所以力大無窮，就是由於常吃鱔魚的緣故。古醫術《本經逢原》，還真有「大力丸」的配方，其中一味主藥就是鱔魚。

鱔魚味鮮柔美，並且刺少肉質紮實細嫩，

我總喜歡看著斜切 30 度的鱔魚段子，刀工俐落

與其他淡水魚相比，獨具一格。無論燒鱔段、炒鱔片、爆鱔絲、炸鱔脆，味道鮮美都為人鍾愛。

「鱔魚意麵」有一道炒鱔魚，爽脆酸甜，是府城一項歷史悠久的傳統小吃，由於鱔魚本身血多、肉質鮮美，因此是一道美味食補。在烹調前，鱔魚須去泥味、剁魚頭、除脊骨，然後以大火快炒加入洋蔥、糖、醋等配料，最後勾芡成羹，即成一道美味佳餚，這是由來已久的吃法。

「阿輝鱔魚」創店老闆阿輝師，年輕時在不同領域奮鬥後，回到孩提時期跟著總鋪師的父親，四處外燴辦桌的家學本行，進入了料理世界，因為有了多年不同領域的人生體驗，阿輝的料理生涯更顯得國際觀。也因此，即使是「鱔魚意麵」

這麼傳統的府城小吃，也經營得精緻用心，美味依然。從「阿輝」裝盛意麵所採用古碗風情，有別以一般老店使用長盤，麵汁會乖乖在碗中，不像淺盤湯汁溢到桌面，就知道阿輝不同的美食哲學了。

觀念是新的，可是，傳統的府城口味卻又保守的很，完全遵循古法，武火快炒斜切的鱔魚段，所淋上的美味醬汁是精緻調製的，非常經典，略甜微酸，勾芡湯汁顏色迷人。基本上，建議些許辣椒拌炒，一點輕辣可以更平衡府城這種酸甜的羹汁。細薄片的洋蔥、長的蔥青段、短的蔥白段，一些爆香蒜頭，很基本，但是火候老練，魚身新鮮，創業年分不及府城百年老店，名店風範已現。乾炒鱔魚，也是府城老饕佳選之一。阿霞飯店的這道菜餚，也是不俗。

阿輝也有「藥膳養生鱔魚湯」，湯色深邃，適口醇爽，採用了十幾種漢藥材，有何首烏、當歸、熟地、茯苓等等，藥味隱藏不顯，同時一起熬煮四十八小時的鱔魚骨也不覺腥嗆，基底湯精采。湯裡，可以加入川燙鱔魚、豬肝、豬心或是腰花，這是府城內行的美饌。

…………………………………………

—台南阿輝炒鱔魚店—
台南市中西區西門路二段352號
06—221—5540

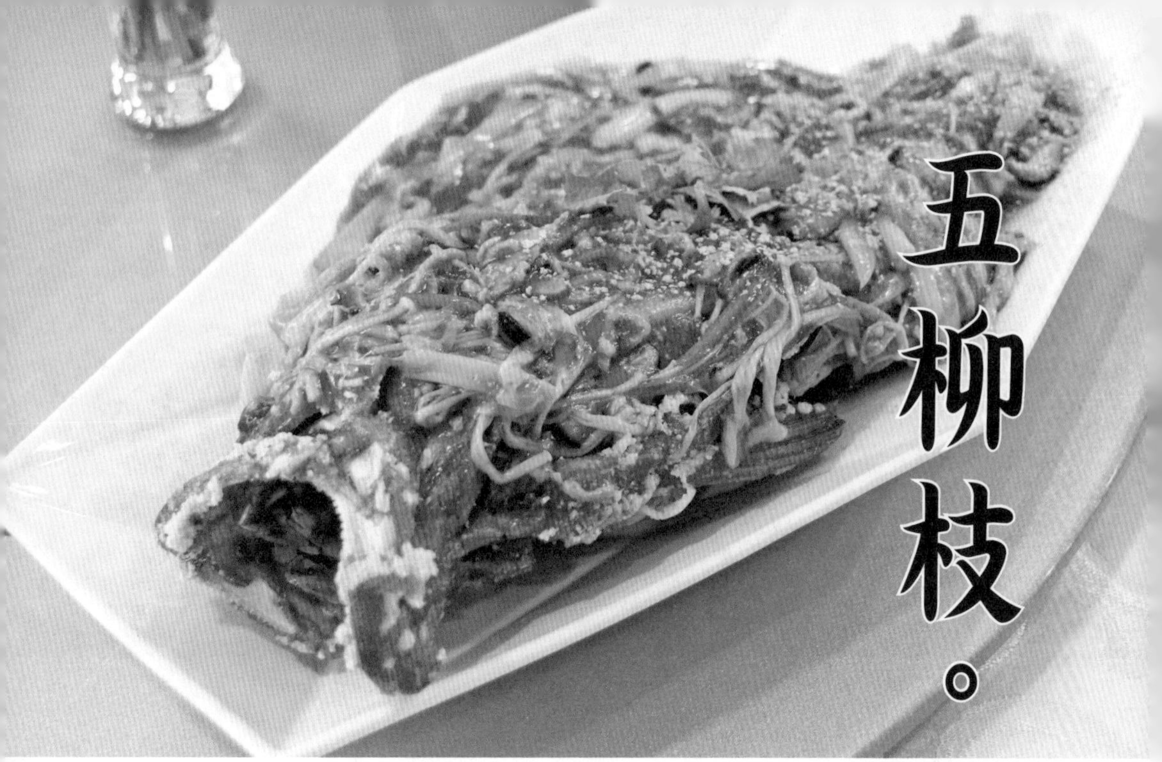

五柳枝。

第十八堂

從唐朝輾轉來台的魚食
貴氣的老饕佳餚

這次來介紹比較貴的海鮮美食，嚴格上它不是小吃，而且高居府城傳統美食菜單尊貴地位，可是這麼重要的傳統海鮮美食拼圖之一，它不能缺席，還是來細說這道台灣味十足的「五柳枝」料理。

雖說是「台灣味」，可是它卻源於唐朝詩人杜甫之手。話說杜甫因安史之亂，流寓於成都，近四年時間，住在鄰近浣花溪的草堂，環境月白風清，可是物資窘促。一次眾詩友聯袂來訪，總要

五柳枝的澆汁裡所有的配料，須分兩段火候下鍋

打理餐食宴客，書僮剛剛從浣紗溪巧釣得大肥魚，於是杜甫挽袖要到廚房烹煮此魚以饗眾位好友。大夥好奇，從不曾聽過大詩人也燴炙，興緻盎然，全趴在窗緣看他烹鮮手藝。只見他在魚身兩側斜切五道（不斷骨），再入鍋油炸，酥熟後取出，再勾芡一鍋羹汁，裡面有筍絲、菇絲、蔥絲、薑絲、燈籠椒絲等等，調味後淋覆整個魚身。眾人吃畢，興奮提議此燴魚稱之「杜甫魚」，杜甫倒是說陶淵明為五柳先生，典範夙昔是他的偶像，就稱之「五柳魚」吧。

「五柳枝」好吃的關鍵有三，魚隻的品質、煨煮的火候、五柳醬的特色。「柳」也是配料都為絲狀的意思。所謂五柳「枝」是「羹」的諧音，是種豪華版的糖醋醬。總鋪師說「老一輩都是以洋蔥、筍絲、豬肉絲、蔥、紅蘿蔔（也就是所謂的五柳枝）等配料爆香，與五蔭醋、蒜、糖、醬油等勾芡後，淋上炸魚熱騰騰上桌吃。」阿霞飯店的五柳枝則以香菇切條代替筍絲；金針菇代替蔥段（主廚解釋，而且堅持以罐頭的頂級金針菇製作，因為這是阿霞阿嬤要求的，她說這樣少了菇腥，而口感更入味）。

阿霞飯店在處理魚肉時，會在魚身撒上地瓜粉，抹得均勻。入熱鍋煎炸得內嫩外酥。這些炸得幾近全熟的魚隻，瀝乾，等表皮也略為風乾，讓餘溫熟透魚肉，使魚肉更鮮甜、滑嫩。此時，另一鍋同步香爆五柳醬汁，先爆香蒜頭等物，再丟入五柳配料翻炒，一大杓的大骨湯頭淋入當是醬汁，勾芡，最後加糖、米酒，白胡椒粉、五印醋與幾滴香油，讓五柳醬汁的五味深邃豐富。這道料理通常出現在「辦桌」場合，當是壓軸之一。老饕都知道這是評鑑「總鋪師身手」的考題作品，集合了酸甜鹹辣鮮。這道菜流傳開來後，十分受歡迎，大約民國六、七〇年代，許多酒家都會膾燒這道菜，演變成著名的酒家料理之一，而所搭配的配菜也更加豐富，有些人還會加入肉絲、花枝條等，增添成菜的風味。

平日，這道美食，都藏在海鮮攤的隱形菜單裡，因為厚工，所以只有識途老饕得有機會饗食。至於魚隻種類，老饕則是選用超大隻（一斤以上）的虱目魚，那是古早時代阿嬤的手路菜。有錢的老饕（或是宴客時）則是選食大隻白鯧、金目鱸魚等等，還加了金針花、魚板、洋蔥、紅甜椒和香菇等菜，保存了古早味，還多了多樣令人食指大動的菜味。

……………………………………

「阿霞飯店」

台南市中西區忠義路二段84巷7號

06－225－6789

06－222－4420

魷魚、花枝、小卷、軟絲。

第十九堂 名字令人困惑，似同非同的海鮮美味

魷魚、烏賊、軟絲、小卷、透抽等等，相似，差異不大，許多人都傻傻地分不出差別，喜歡海鮮的你到底在吃什麼？我們來認識它們。

【魷魚】的身軀比較肥大，尾巴的地方有大大三角形的肉鰭，口感比較紮實。我偏好「活魷魚」美食，它不是「活的」，而是「乾製的」肉食肥厚阿根廷魷魚。店家再以「鹼粉調入冷水」把乾魷魚「泡發」成四倍大，宛如這隻魷魚又活了起來，雕花斜切，入沸水汆熟。沾著府城獨特的「海山醬」，混有番茄醬、老薑泥、芥末，蒜泥甜鹹交融。口感又爽脆又彈牙，與大量醬汁入口。

【透抽】學名是「真鎖管」，是身材最修長的一種，鰭約為半身長。在水裡呈現透明狀，不過只要離水，體色轉紅潤，搖身一變成漂亮的淡淡粉紅色。「透抽肉質軟硬適中，特別適合做熱炒，尤其是滋味鹹香的下酒菜，口味濃厚但依舊能保有彈性與鮮味。」韭黃透抽則是傳統台菜，搭配韭黃、辣椒拌炒，嚼感層次深刻。絲瓜透抽麵線則是澎湖常見的家常菜色，純粹食材鮮甜。

【軟絲】又稱軟翅，外觀長橢圓形，鰭約與身同長，在水裡時，身體也是透明狀，離水後會變成褐色，肉質細嫩微脆。「我們的軟絲大多從野柳外海捕獲，現殺生吃最美味，口感脆嫩與鮮甜。」握壽司店會把軟絲細細雕花，炙燒捲起，乍看猶如純白美麗的花朵，鮮香甘腴爽口。另外，也會把切花的軟絲加上少許梅醬，滋味酸甜鮮爽。

【花枝】又稱烏賊、墨魚，體型圓胖，外表帶點漂亮的花紋。跟軟絲不同的是背脊有白色硬殼，如果自行料理記得要取出。大隻者因為煮熟後嚼勁十足，多被製成花枝丸；中型者（巴掌大小）口感最佳，「台南紅燒花枝羹」就是採用這種尺寸。坊間「生炒花枝」，多以勾芡醬汁料理，內有烏醋的酸和台南的甜，這是我的美食清單之一。不過花枝價高，有些店家改以小卷代替（還是稱之生炒花枝，反正食客不疑）。

【小卷】就是鎖管，或稱「台灣鎖管」，體型較短呈現圓錐形。平常有許多愛好釣魚的人士，都會到基隆去夜釣鎖管，「基隆鎖管季」約在六月底到八月初之間。小卷長大後，改稱「中卷」，餐廳的「三杯中卷」即是。而上文介紹的台南經典「小卷米粉」，除了國華街二段的葉家，還有國華街三段的邱家，中華西路一段（台南運河畔）的施家，共三家分治天下。

【章魚】許多人習慣以日語叫它Tako，其外觀最好辨認，有八隻腳，腳上都有粗大的吸盤。「章魚燒」是非常日本的小吃，也偶見台灣街頭或是夜市。或許是文化差異，章魚在台灣美食之中一直隱而不顯。

—李媽媽民族鍋燒意麵—
台南市中西區赤崁東街2號
06－222－7654

—無名小攤—
台南市中西區海安路與保安路口

—落成米糕店—
台南市中西區民族路二段241號
06－228－0874

抱卵蔥燒鯽魚。

第二十堂

看到千萬別錯過，堪稱細火慢煨之最佳代表

晚秋之後，正是鯽魚帶卵肥嫩時節。在府城飯菜小店，你如果看到帶卵的軟骨鯽魚，就千萬不要錯過。

鯽魚，簡稱「鯽」，俗名鯽瓜子、月鯽仔、土鯽、細頭等等，它是淡水魚，普遍的食用魚。十月，寒風起，母魚帶卵最是好吃之際。一般料裡有豆瓣、煮湯、燜酥、紅燒等等。但是府城多是古早味「蔥燒」料理，以江浙菜手法為基底，堪

依然浸泡在滷汁的胖肚魚隻，繼續讓醬汁沁入

稱是細火慢煨之最佳代表，說它是工夫菜一點都不為過。

先說說做法，鯽魚要先去魚鱗（千萬不要剖腹），洗淨擦乾魚身，以冷藏狀態讓魚隻在白醋中浸泡五個小時以上。這個過程，就是讓鯽魚煨燒之際，魚骨容易完全軟化。

大火油鍋，將浸漬鎮江白醋的魚身擦乾，下鍋炸得兩面金黃，這個過程最是火候工夫之處，先是中火，文火，最後武火逼油。魚隻瀝乾中，先是蔥白過油撈起，再來蔥綠過油撈起。另起一鍋，鍋底鋪上蔥白，再鋪上蔥綠，擺上鯽魚，接著依序加入薑片、酌量醬油、紹興酒和醋，最後覆蓋大量蔥白。可以加水了，水位要淹過魚隻，開始小火煨煮半個小時，此時加些鹽、糖與麥芽糖，繼續以小火煨約九十分鐘使其「收汁」。等其微溫時，即可食用。

不過建議，不要急著吃，讓它在冰箱過夜。記得酸甜苦辣鹹五味，「時間」是第六個味道，「帶卵蔥烤鯽魚」非常需要時間，讓醬汁繼續沁入魚肉，甚至魚卵之中，也讓精熟到了連骨頭都要化得酥軟，達到最高境界。隔日從冰箱取出，可以不蒸，也可以電鍋回蒸，使得魚卵不會太柴乾。記住，微溫吃，最能品出美味。

店家多會淋上醬汁，蔥與魚顯得好看，燒得軟綿的蔥段入口芬芳，魚肉香魚，魚骨鬆軟適口，魚卵則是香甘俱足，好嚼彈牙。熱飯淋上冷冷的鯽魚醬汁，飯煙頓時騰起酸香、蔥香和魚香。這道外觀平凡的「帶卵蔥燒鯽魚」，在府城是平凡的小吃，甜酸香口味卻是不平凡。

府前路「阿和肉臊」的「用白豆瓣醬燉煮肥嫩鯽魚」，冬天的限季限量美食，屬於神品等級，抱卵鯽魚燉煮得很透。這是一爿老闆伙計看熟面孔的店家，如果有天你去，老闆問：「要來……一尾鯽魚嗎？」你已經是老台南了。

｜阿和肉燥飯店｜

台南市中西區府前路一段12號

06—220—2619

抱卵蔥燒鯽魚：看到千萬別錯過，堪稱細火慢煨之最佳代表

紅蟳米糕。

第二十一堂

米香蟹肥，蟹黃高湯浸滲在粒粒米糕中

紅蟳，屬於梭子蟹科，背甲橫橢圓形，兩側較尖，甲面平滑。在《台灣府誌》中即有記載，而價格高貴的「紅蟳」，也常成為「蟳仔」的代名詞。由於其體色青綠，大陸另稱「青蟹」。至於「菜蟳」，則是指雄蟹或未交配過的雌蟹，價格不高。未交配過的雌蟹即所謂的「處女蟳」，有人謂其肉質紮實且甘甜細嫩。如果是交配後的雌蟹，前一個月，卵巢依舊空空，稱之「空母」；再經過一個月後，卵巢成熟飽滿，呈橘紅色，此時

才稱為「紅蟳」，價格最高。紅蟳多棲息於河口、內灣、紅樹林等鹽度稍低的泥濘沼澤中。抱卵季節集中在春秋兩季，因此台灣民間有「春蟳、冬毛蟹」與「七蟳、八虫截、九毛蟹、十毛柿」的俗諺（七八九指的是月分），都是描述其脂膏肥美的時節。

然而，紅蟳受到老饕親睞，除了肉質鮮美，脂膏豐腴之外。它還被當做滋補珍品，根據民間說法，吃紅蟳對於「少年轉骨、產婦坐月子、補腦筋衰弱、男人敗腎、中年禿頭、老人眼濁、畏寒怕冷等症狀」均有療效，懷孕者吃紅蟳則可使胎兒更強健。有沒有覺得紅蟳愈來愈厲害了？早年台語還有關於紅蟳的歇後語：「囝仔人呷紅蟳」答案是「興貢」，貢指的是紅蟳的「管」，就是多肉的大螯，與講話的「講」諧音，引伸為「愛講話」的意思。「老人食紅蟳」的答案是「貢無效」，老人無牙，吃起全身都是硬殼的紅蟳是很困難的，更是咬不動那對大螯，引伸為不聽勸告的人。

喜宴辦桌上常見的甲殼類，除了蝦類之外，就屬紅蟳（青蟳）最為普遍，而且深受歡迎。但是仔細想想，「蟹」這個東西長得「真的是不怎麼美觀」，還是「怪怪的」。自忖，歷史上第一位吃螃蟹的人，想想「還真勇敢呢」。

話說大禹治水時代，有位名叫「巴解」的人，奉命到江南一帶治水，這些北地來的人們不堪夜裡總有一種「很醜的八腳虫」，橫著走路來騷擾營區正在睡覺的人。於是他們在營區四周挖了壕溝阻擋八腳虫，未料數量太多，它們把壕溝填滿了，而且踩踏同伴繼續騷擾正在睡覺的人們。次日，巴解把壕溝底部放置燒紅的炭火，

紅蟳米糕：米香蟹肥，蟹黃高湯浸滲在粒粒米糕中

希望可以嚇退牠們，結果夜裡人們被一股鮮甜的香氣吸引，醒來，發現掉到壕溝的八角虫都熟紅了身，有人「勇敢」試吃，沒想到異常鮮甜醇腴。自此，八腳虫大受歡迎，大家就以巴「解」將軍的名字，加了個虫字，成了「蟹」字紀念他。每日一字，讓你有天吃螃蟹、紅蟳之際，想起這位人物。

這一道「紅蟳米糕」，是阿霞飯店的招牌。屬大菜，非小吃，寫它，純粹想賣弄「蟹知識」罷了。

一九五九年，於府城舊中央市場內設店，吳錦霞的父親以女兒的小名「阿霞」為店名。四年後，吳錦霞繼承家業，在貨源質優、新鮮的要求下，加上不斷烹調研究，吳錦霞創出「紅蟳米糕」這道首席台灣料理名菜，蟹黃高湯米糕極品。選

取蟹黃飽滿的生猛紅蟳，生切，與爆香炒過的日本花菇、蝦米、干貝、豬肉等配料一起鋪滿覆蓋在米糕上，炊蒸，一盤紅蟳米糕使用兩隻鮮活紅蟳，米香蟹肥，金黃耀眼的蟹黃高湯都浸滲在粒粒的米糕中，每一口都感覺鮮味在嘴裡飄盪回香，這是極品。目前第四代堂堂上場。

ー阿霞飯店ー
台南市中西區忠義路二段84巷7號
06－225－6789
06－222－4420

學分九——台南人愛喝湯

在北半球的國家與地區，因為地理關係，南方總是偏熱，多比較喜歡喝湯。位於台灣之南的台南舊城歷史久遠，也累積不少各式各樣的湯品，從家常湯項目：蚵仔湯、豬肝湯、蛤仔湯、粉腸湯、筍仔湯、味噌湯、青菜豆腐蛋花湯、金針排骨湯、苦瓜排骨湯等等不勝枚舉，即可理解我們是「無湯不歡」。

一次，我閒逛傳統市場，拿著相機，在一攤虱目魚專賣鋪前，看到有一家庭主婦正採買著一顆顆魚頭，它們排列整齊放置在砧板上，非常醒目，我好奇問道這些魚頭要如何料理？煮湯啊，多放些薑絲入味去腥即可，鮮甜好吃耶！最後補上一個眼神：這種事都不知道？我算見識台南媽媽的厲害了，一顆魚頭四塊錢，五顆就可煮成一大碗豐盛好吃的魚湯！

記得，高中時國文老師，有一次提到他曾經喝過「青龍過江湯」，這個名字好威喔，老師要我們猜猜這是啥湯？一陣瞎猜，他說就是一段長長青蔥橫亙在白水湯上，調些鹽之外，就剩這截青蔥，這是抗日戰爭時的一次生命經驗，聽完，印象深刻！也對「命名」學問的趣味，多了些體會。

台南街坊小吃店家林立，實力堅強，經典有特色的小吃湯品項目也不少，有許多遊客可是專程為了這些湯湯水水來品香的，老府城人如果從事小吃行業，他們都會自稱是「做湯水的」，理由不詳，然而湯湯水水真是個好生意，「水」是最便宜的食材，我們上街喝了一碗湯，高興地付了錢。自忖，扣掉水分，我們剛剛吃了些多少「物質」？如果這樣算「價錢」，確實不值，可是我們卻甘之如飴，那是湯頭的「價值」與湯料的不凡，所以我們還是喜歡喝湯，喝好湯，喝不一樣的好湯。

環視世界一些地方的「湯文化」，歐洲人多是豆子湯，到了地中海國家則有了豐富的海鮮湯。日本飲食裡的湯文化，他們把味噌湯、昆布湯變來變去，只多了秀氣的各種海鮮湯。印度料理的咖哩湯，我喜歡，但是傳統熱奶茶才是王道。泰國料理的酸辣湯你一定喝過，然後？

喝湯，府城這種有趣又熱絡的特殊情形，值得細細闢文介紹，說說這些湯品的背景故事與社會風氣關係，也來理理這些美食的祕密。

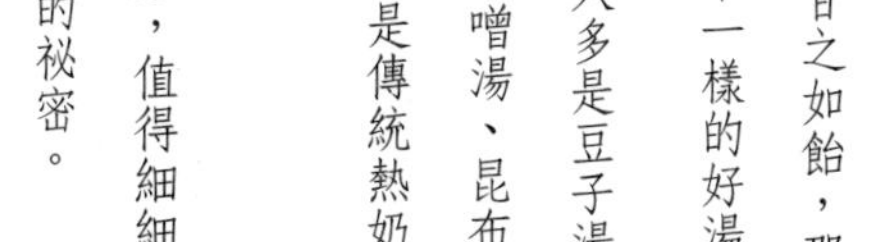

牛肉湯。

第一堂
美食地位甫確立，府城幸福早餐新霸主

府城傳統早餐有四寶：菜粽、魚丸湯、鹹粥和牛肉湯，前三種在許多報刊書籍已有大量報導，牛肉湯比較少（近年才開始報導），理由有二：牛肉湯的美食地位是近二十多年光景才確立的，比起其他府城傳統小吃算是資淺的；其二，許多外地美食記者尚未深入品嚐。據了解，台南市的牛肉湯店家已經超過兩百家，台南人對於哪一家是絕品，心目中的答案不一。

場景：早上九點半，一名老饕熟客進入店來，跟老闆說完「同款！」，自己就打開電鍋盛一碗飯，

先是湯頭入碗，再投入肉片快速攪動，使得平均受熱

在熱飯上淋上肉臊滷汁，那是用牛筋肉，以府城經典的肉臊烹調方法滷製而成的，其中多添加了八角、肉桂葉和黑胡椒粉等等，白飯上有不少的碎牛肉。我第一次去，則等老闆送上桌，但是，老闆娘給我的肉臊滷汁飯，上面卻多加了一塊滷豆皮，她說不用加錢，因為那是隔壁做稻荷壽司阿婆把一些外表破損的豆皮，免費送給他們，他們再把豆皮放入滷汁熬煮後，分享給食客。這裡面呈現著府城小吃美味之外，最棒的人情味。老闆正忙，歡迎熟客自己動手，分量自己隨意，另外隨性的滷豆皮，也是好鄰居的環保人情，吃得到算緣分。

先說說湯頭吧，夜裡四點開始熬煮，老闆娘掀開鍋蓋一一介紹鍋底：這是大豆粕袋含有磷脂、這一袋裡有胡蘿蔔和鮮甜的蘋果，有時還加上甜椒，主角是整隻老母雞和牛大骨，至於這個嘛，就是含豐富的膠原蛋白「豬皮」……不加中藥，要熬到中午，大約十個小時。牛肉湯嘛，就是要講究牛肉和湯頭，湯頭雖然熬煮了十個小時，但是絕不濃稠，不油不膩依然爽順，真不簡單。

再來說說「牛肉」部分，府城這二十多年流行牛肉湯，當然營養上，大家都知道精瘦牛肉是一種有益的肉類，富含鐵質、蛋白質，這些都是崇尚節食的現代人極缺乏的營養素，尤其膽固醇和脂肪都比其他肉類食品低。原因二，主要是台南市善化區有傳統牛墟，現在更進步到一天兩次的善化電宰場，提供的溫體牛肉讓府城老饕吃得到新鮮。有趣的是，牛肉湯店家們每天能採買到的牛肉部位，都是固定的，換句話說，每家的肉質部位都不同。吃牛排的人都知道牛排的等級跟部位息息相關，所以取得精瘦軟嫩口感甜滑少筋不柴的肉源，已經是成功的一半了。

「康樂街牛肉湯」店家牌子老，以鮮嫩多汁的軟肉聞名，府城老饕都知道。一碗好吃的牛肉湯，食材有了，看看火候吧，先舀滾熱湯頭入碗，才加入已經切得薄片的牛肉團，湯匙不停翻攪，讓肉片與熱湯均勻接觸，因為肉薄一定是全熟，而且肉汁依然還留在肉裡，口感軟嫩得香腴有致。桌上有無限供應的嫩薑絲，可以直接入湯，也可置入淺碟加入醬油，配著牛肉入口。也推薦牛肉炒辣味芥藍、牛肝炒辣味高麗，超絕！

「康樂街牛肉湯店」
台南市中西區康樂街325號
06－227－0579

「阿安牛肉湯店」
台南市北區中華北路一段18號
06－250－0602

「西羅殿牛肉湯店」
台南市北區公園南路98號
06－229－4056

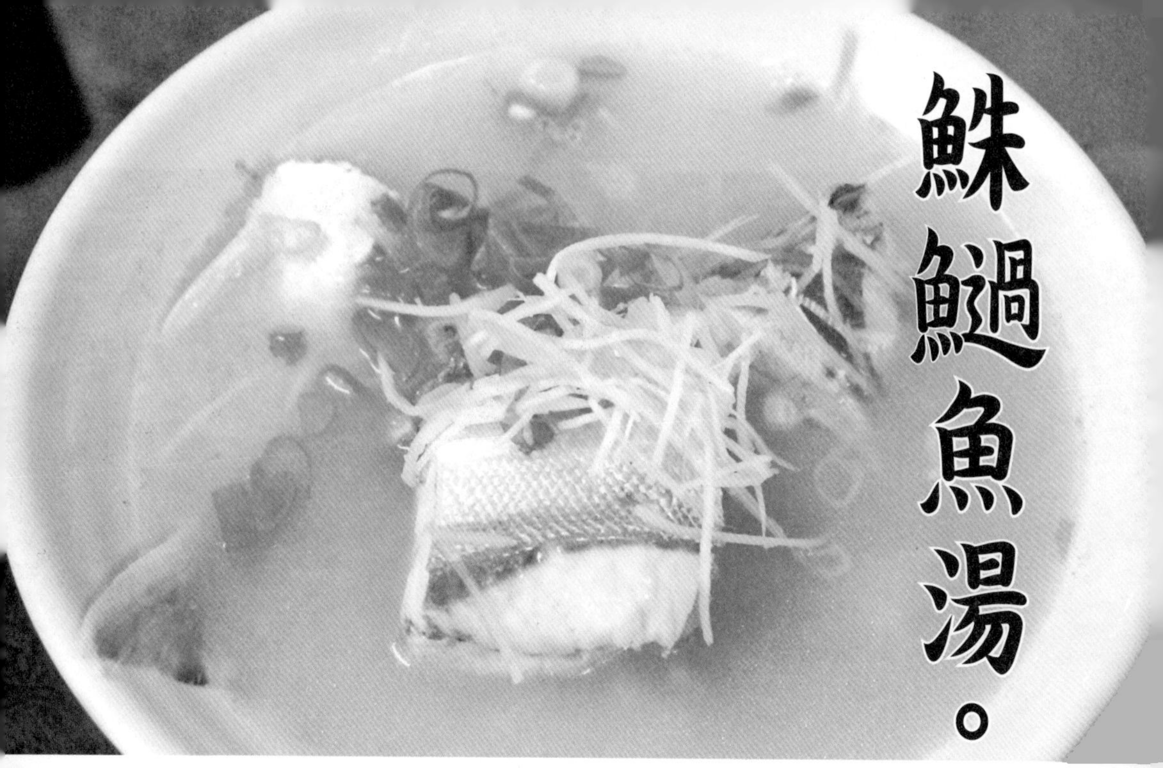

鮢過魚湯。

第二堂

一整碗營養補給，府城人聰明有元氣的祕密

鮮魚湯。其實台南街頭也是大概二十多年前，開始出現大量鮮魚湯店家，而且標榜著「深海」鮮魚湯，數量更超過三百家。

回顧早年旅居在台南的日子，身邊的老台南人，總習慣有時上街喝一碗鮮魚湯「補一下」。當有家人身體不適，可能病後、手術後或是產後，他們總習慣去熟識的那一家鮮魚湯，買幾碗「鮢過魚湯」調養身子。以前，我不懂，現在可知道了，他們懂得吃又聰明地吃，台南人太厲害。

開賣前，店家事先將各種魚片排列，以利烹煮流程

鮢鰡魚就是深海石斑，屬於鱸形目鮨科，多生長在暖水一百米以下的深海，汙染少，生長時期長，肉質細嫩但是咬勁十足，營養價值更是其他海產所不能比擬。同時，鮢鰡魚肉容易消化吸收，百分之八十五至百分之九十為人體所需，尤其有助於腦力與視力；富含多種無機鹽和微量元素、維他命，具高蛋白、低脂肪、低膽固醇；魚皮也含有大量美容膠質；魚骨內還有更厲害的「腦黃金」成分，能激活腦細胞，提高記憶力，延遲大腦老化。很驚人吧。

對於愛吃魚的台南舊城，現在你知道他們聰明的祕密了吧！鮮魚湯對台南人來說，就像台北街頭巷尾的泡沫紅茶一樣處處可見，那是他們營養的補給站。鮢鰡魚被台南人譽為營養名貴之魚、美容護膚之魚。它們還具有健脾、益氣的藥用價值，尤其適合產後婦女、體弱老人、小孩食用。鮢鰨魚的大小隻從一條十幾公斤到上百公斤都有，曾出現有超過兩百公斤的巨魚。煮魚湯，台南除了鮢鰨魚還有海鱸魚，這兩種魚，一個彈牙一個軟嫩，各有千秋，但都是以清甜取勝，做法有加些薑絲的清湯，也有加輕味噌的魚湯，湯頭的表情與風味當然就有差異了。

過去，一直想找個機會好好介紹這些優質鮮魚湯店，今天我們就到東區覓食。「黑記」算是鮮魚湯店的新銳，十多年的店齡，可是店老闆更早有十年多的日本料理背景，所以，魚湯與鹽燒的手法帶有一些北國神韻，對魚鮮味更加精準與嚴謹。鮮魚湯湯頭，以石斑魚頭和大魚骨熬煮兩個多小時，點食後再以小鍋燒滾，加些許嫩薑絲，放入新鮮的鮢鰨魚切成適口的帶皮魚片，再度滾開後，文火一小回，起鍋，即成，動作流暢。喝了第一口清魚湯，我開始找尋字眼，該如何形容府城這種老味道魚湯的鮮美和滑順呢？

｜黑記鮮魚湯店｜
台南市東區東門路二段273號
06－235－4685

｜水仙宮三兄弟鮮魚店｜
台南市中西區國華街三段與民權路三段路口
06－222－5651

虱目魚皮湯。

第三堂
香醇湯頭與嫩嚼魚肉，
府城人不斷精進的魚食文化

三百五十年前就成了府城先民們不可或缺的桌上佳餚，也是因為關係久遠又密切，又有了「家魚」親密稱謂，有人還稱之「台灣第一魚」。百年來府城人不斷精進的魚食文化，「很會吃虱目魚」的印象，更是廣為人知。我們聽聽府城老饕「怎麼吃？」「冬吃頭，夏吃尾，春秋吃滑水」。因為季節不同，水溫也就不同，虱目魚的運動量也跟著不同。光是這點的講究，就道盡了府城老饕專精的吃魚傳奇。

大鍋裡汆燙著，我點的魚皮量，起落幾下即可食用

「林家魚皮湯」四十年前，在台南保安路的「大溝」北岸擺攤，「大溝」其實就是古地圖的「福安坑溪」水道。那個從乾隆年間就存在的市集，林家賣著與其他店家不同的「魚皮」。本來是賣「虱目魚鹹粥」的林家，後來對魚性有了更深一層的了解後，自行研發削取無刺魚皮的刀法，然後再加以料理製作。從此，「林家」成了府城第一家正式以魚皮為招牌的小吃店。近二十年前，由第二代接手，鮮醇的湯頭與嫩嚼的魚肉，成了府城不可錯過的名店。

選取清晨剛捕撈，大約一斤重，肚油多又肥嫩的虱目魚。整個魚刀流程，一刀先切取魚頭，再劃下白嫩厚肥魚肚，接著小心摘下老饕的最愛「魚腸」，然後削下左右兩片大魚肉，接著去刺，輕巧割取大約半公分厚度，完全無刺滑溜完整的「魚皮」，一條魚只能削取兩片，不大，得來不易。

至於湯頭也相當精采，先以大骨熬燉多時，再加入新鮮但是已刮淨無肉的魚骨架子，先是大火，但是不久改為文火慢熬，半個小時後要先取出魚骨（魚骨熬煮太久會有酸氣）。同時，魚湯因為也用來汆燙鮮美的「魚腸」，湯頭的味道因此更加香鮮獨特。

點食後，店家先舀半碗高湯，同時燙熟鮮魚皮，再置放在湯裡，一碗擱有二到三片，加入嫩薑絲與芹菜末子，最後的祕密武器「獨家肉臊」一小撮。不同於擔仔麵或是肉臊飯那一種肉臊，混入湯頭內，醇厚的肉香把魚鮮平衡地非常巧妙，堪稱一絕。吃的時候，魚皮可以蘸著豆瓣醬混芥末醬油，同時夾著些許嫩薑絲一起入口。

除了招牌魚皮湯，魚蚵湯、魚頭湯、魚腸湯等等都各有千秋，另外府城老饕最愛之一的「肉油煎魚腸」滋味，對沒吃過的人，很難形容魚腸那種濃稠美鮮與小魚肝粉香軟嫩的美味。魚腸搭著大量嫩薑細絲，這是府城美食特有的風味。

當然，許多資深老饕可是獨沽「虱目魚頭」呢，如果你的鄰座有這樣的人物，請利用機會見識他們品食魚頭，在舌齒間，輕巧地在短時間內一個魚頭只淨剩一堆魚骨，那種淋漓盡致的靈巧工夫。你就會知道，這個城市因為有了這樣的老饕們，才有了這樣令人食指大動的店家，烹煮出驚豔的「魚皮湯」一點都不足為奇了。

……………………………………

一林家魚皮湯店一
台南市中西區保安路110號
06－241－2553

虱目魚丸湯。

第四堂

府城人四大早餐之一，美味店家多如繁星

我們可能從超市買了些精緻包裝的魚丸回家，自己下廚烹煮魚丸湯，湯頭也熬了，芹菜珠子也加了，可是就沒坊間魚丸湯名店的美味，丸子吃起來些許魚香，但是全然不會感動，為何？

回答前，先來理解如何製作魚丸：當然，新鮮魚肉一定要的！剃下來的淨魚肉放入盤中，冷藏三個小時（蛋白也要冷藏）。若有食物調理機，把魚肉與些許冰塊同時丟入高速打成魚漿。如果沒有機器那就手工，以刀背把魚肉剁成蓉，然後用刀板用力壓磨魚蓉成泥狀，然後把魚泥放入大碗，加些碎冰（防止魚肉溫度上升）繼續棒打，

大小適口的各式丸子，我總喜歡有些油條佐食

加蛋白、糖、鹽（不僅調味，而且會讓魚蛋白產生黏稠感），也加入些許玉米澱粉（可以使魚丸更結實）。最後可以像麵團一樣摔打、踩躪，這樣的魚丸口感絕對遠勝比機器打出來的彈牙！

這樣的做法說明，應該可以理解我們所買的魚丸，有太多地方可以讓它變得不好吃：劣質、不新鮮的魚肉、只用機器猛攪，加入太多澱粉降低成本、製作過程沒有降低魚漿溫度、沒有摔打出魚肉的筋性……這也為何，在台南街頭隨便一家魚丸湯都是如此動人的原因了。

回頭談談第一碗魚丸湯的故事：秦始皇統一了中國，對他而言，這是成就大事，可是他每天要戒慎恐懼，憂心有人要暗殺他，時間久了，導致他的心理狀態是杯弓蛇影。秦始皇嗜魚，無魚不歡，可是每當他吞食不小心被魚刺卡喉，總殺了魚廚洩恨，責怪他們要謀殺他。這些倒霉的魚廚總戰戰兢兢地擔心隨時小命不保。一天，輪到一位新進的年輕廚子烹魚，因為實在太害怕，他歇斯底里地用刀板狂擊砧板上的魚洩恨，等他猛然清醒，發現闖了大禍。這時皇上要進膳了，他只得剔除魚刺，收拾魚漿，加些鹽巴調味，再刮成一顆顆魚漿珠子滑進滾沸的湯水中。於是，歷史上第一碗的魚丸湯誕生了。快樂的結尾，是這位魚廚不但沒有受罰，而且領受了不少賞金。

台南好吃的魚丸湯店多如繁星，我列些名單供參考：鴨母寮市場的古早味魚丸湯、開山路的永記虱目魚丸、府前路第三代虱目魚丸、東門路阿忠虱目魚丸、中山路巷內的阿川虱目魚丸、天公廟旁的無名虱目魚丸、大同路一段一七五巷無名虱目魚丸，還有海安路的福生小吃店……我的選擇呢？阿川走文青路線，巷弄氣氛真好；永記走名店路線，排隊要拿號碼牌；天公廟走酷臉路線，精緻好吃但是老闆不是和氣生財的那一型。

如果，你也到魚丸湯店吃早餐，想擺個台南老饕架勢，建議也來一碗油油熱量多的「國民飯」肉臊飯！再搭配魚丸湯，真好！

……………………………………………………

—阿川魚丸湯店—

台南市中西區中山路8巷3之1號

06—227—0807

—川泰號魚丸湯店—

台南市中西區大同路一段222號

06—216—0928

—永記魚丸湯店—

台南市中西區開山路82之1號

06—222—3325

—天公廟魚丸湯店—

台南市中西區忠義路二段84巷3號

06—220—6711

酸辣湯。

第五堂
大江南北都喜歡的國民湯，台南也有好口味

我喜歡酸辣湯，台北以南，高雄以北嚐遍大小店家，一些鄉野小店偶有驚喜的味道，當然，高檔的鼎泰豐酸辣湯確實精緻有味。我想介紹酸辣湯，除了「老友小吃」現煮的酸辣湯不俗之外，還有幾家台南酸辣湯值得說說。然而，歷史第一碗酸辣湯的故事實在精采，不說，太可惜了。

現今酸辣湯有四川式的、上海式、泰式等等，我們平常吃的酸辣湯，我稱是台式的（六十多年來

現煮酸辣湯，是極其「五味平衡」的高級廚藝與火候

已經馴化，帶有濃濃台灣味）。來看看備料：有老豆腐切成長條、胡蘿蔔切絲、黑木耳切成條狀、氽熟的竹筍也切絲、鴨血也是長條模樣等等。湯頭由老母雞架子與大肉骨熬煮妥當，湯沸，先放入胡蘿蔔絲、筍絲，等胡蘿蔔絲熟軟之後，放入豆腐條煮五分鐘，再放入鴨血，最後才是黑木耳切條。

烹調工序：開始調味醬油、鹽、些許白醋（酸度較強）、黑醋（味道香醇）、加入辣油（有人只單用黑胡椒當是辣源），以太白粉水勾芡，最後可以加入些許蛋花（加入時要不斷攪拌），黃色的蛋絲讓黑黝黝的湯澤更加美色。起鍋入碗，滴上麻油，灑上蔥花。烹調過程，前後有序，些許繁複，所以大多水餃店、麵攤等多會先煮好一大鍋，成了速食湯（價錢也便宜多了），當然味道也差多了。這也是，我為何要推薦「老友小吃」現煮的酸辣湯（老友也有一鍋速食酸辣湯，點菜時請特別吩咐要「現煮的」）的原因。鼎泰豐的酸辣湯好吃，但是太精緻好看了，已經貴族化、西化了，而老友酸辣湯依然有江湖味，帶有庶民美食的標準定義。如果你去，請點「現煮的」，非大鍋的老湯。

說說歷史第一碗酸辣湯的故事：話說，春秋時期，齊桓公重用管仲，開啟富國強兵政策，身為宰相的管仲有一陣子每天上山下海，調查齊國的山林湖澤，任務完成回到國都臨淄。齊桓公設宴幫管仲洗塵接風，也謝謝仲父的辛苦奔波。宴席之間，好色的齊桓公竟然對管仲所攜回的一位女俠「靚」毛手毛腳。再怎麼說，這位靚姑娘也是管仲的妾，一旁的齊桓公夫人看不下去了，她揮手招來易牙（美食之神，此時他擔任齊桓公的御廚），去煮來一碗又辣又酸的湯來清醒清醒齊桓公。湯盅端來了，每個人吃得津津有味，不喜酸辣的齊桓公卻猛然吐出，嚷著這是什麼湯？又酸，又辣？蔡夫人回話：這是龍鳳酸辣湯，有些東西只能看不能吃，這個湯你就不要喝了吧！想想，今天我們所品食的好吃酸辣湯原創者，竟然是食神易牙耶！很酷吧！

一老友小吃餐廳一

台南市北區勝利路268號

06－235－7564

第六堂

與魚麵完美搭配，滋味細膩鮮甜適口是神湯

魚麵，絕對是府城美食代表作之一。

我採訪過製作魚麵的現場，方桌子，一團像是麵團的魚漿塊擺在中間，老闆正以伏特加的玻璃瓶子，像擀麵一樣，慢慢擀開、擀薄，最後成了一張大大薄薄的麵皮，過程中要撒上些許太白粉，以免因為魚漿過溼而黏滯。麵衣來回折了幾次，然後均勻地切出麵條的寬細。因為水氣偏多，麵條會黏纏在一塊，此時把麵條放入方形籃子中，上拋、墜下，也是來回幾次，為的是，讓魚麵條

如果下午你去，恰巧看到店家正在製作魚冊皮，請給掌聲

鬆散開來，不要彼此黏在一起。免得下鍋煮麵時，糾纏所造成的口感偏差。

因為製麵的過程太有畫面了，吸引許多電視節目前來拍攝。現在店家多已婉拒此類採訪要求，只能請大家用文字來想像了。

好了，要下麵條了，可以開始點食。極度建議點食「乾麵」，理由是，這種以「狗母魚」製成的韌度強健的麵條，需要多咀嚼，魚香便充滿口腔，因為乾麵裡也添加了肉末、芹菜段子和海苔，也有幾滴麻油，所以咀嚼中除了魚香還有海苔的海洋味道融合，隱隱的麻油香氣和肉末的甘甜也能體驗，所有的交融全部在口內擴散。如果是湯麵，淅瀝嘩啦地吞了下去，無法如此細膩品味的。

在此強力建議：請多加點一碗「魚冊湯」佐

食，才是王道。「夏家」湯頭有著大學問，採用歐式湯法，豬大骨與整隻雞架熬煮，同時加入高麗菜、洋蔥、富士蘋果、甘蔗，去除蔬菜纖維後湯色顯得濃而不稠，鮮甜適口。這個湯頭是神物。

重點是手工製作的「魚冊」，工序如下：一樣的狗母魚漿，如花生帶殼大小的分量，以大菜刀在桌面巧力抹去，成了如耐米厚度，約長三十公分薄膜，再以反方向，大菜刀削起來，神奇地成了有深皺紋的餃子皮，包入肉末與一段芹菜段字，捲起來。因為外觀有條條清晰的深皺紋，宛如書冊的扉頁，所以稱之「魚冊」。煮熟後，咬下有魚肉韌勁，肉末的咀嚼感和芹菜的清新。一碗有五個魚冊餃，佐食著魚麵，這是台南「吃巧不吃飽」的經典代表。

—卓家汕頭魚麵店—
台南市中西區民生路一段158號
06—221—5997

—夏家手工魚麵店—
台南市中西區府前路一段343號
06—214—4400

魚冊湯：與魚麵完美搭配，滋味細膩鮮甜適口是神湯

四神湯。

第七堂

光復後才有的四臣湯，這一味非常對府城人的胃

四神湯本名是「四臣子湯」，光復後，大江南北的美食也引進到台南。可是台語的「臣」與「神」發音相似，所以本來以四種柔性滋補藥方熬煮的豬小腸湯，成了有如四位神明加持效果的豬小腸湯，湯色乳白，幾滴浸泡過枸杞的米酒，與隱隱藥香味湯頭相互呼應。想想，這碗湯有了粉糜微爛的小腸所提供的蛋白質營養，經過藥引喝下肚，真有「四位神仙」效果，是好吃的健康湯品。再想想，冬天的時候，一碗四神湯，淋一點浸過當歸的米酒，整

特地到中藥鋪子，請他們排出四臣子藥材供我拍照

個胃就暖和起來了，也增加我們對疾病的免疫力。

這四種很神的臣子藥材，分別有療癒與滋補功能。

「淮山」是一種山藥。健脾、厚腸胃、補肺、益腎。主治脾虛泄瀉，久痢，虛勞咳嗽。

「蓮子」為秋天採收的滋補種子。益腎固精，補脾止瀉，止帶，養心。主治心悸、失眠。

「茯苓」是一種菌類。古人稱茯苓為「四時神藥」，有益脾和胃、寧心安神之功用。

「芡實」是水生植物的種子。為滋養強壯性食物，和蓮子有些相似。開胃助氣之功能。

除了腸子，燉豬肚也是主菜選項。而料理豬小腸前，清洗是一門學問，小時候我就看我母親這麼做：豬小腸用筷子將其內面轉出，加麵粉、米酒仔細清洗腸壁，以去除腥味。之後川燙處理，再切小段備用。開始動手了，取一深鍋煮把大骨湯頭（此湯頭熬煮過程，豬小腸已經同步燉煮多時）跟至沸騰後轉小火，放入四臣子、薏仁，切段的豬小腸也跟著入鍋，適量米酒，文火燉煮約一小時，少許鹽調味。食材新鮮，藥材質佳，火候恰當，白色湯頭自然醇厚夠味。

台南民族路上有間「鎮傳」四神湯專賣，是府城的首選名單之一。然而，因為台南人吃米糕有搭配四神湯的習慣，所以一些米糕店的四神湯也都可觀。我自己卻喜歡去傳統市場尋寶，在鴨母寮市場一旁的裕民街，擁擠小路與中成路的交口處，早上時間也是市場沸騰景觀。當處，有一活動小攤專們賣著四神湯，那是府城隱藏版的巷弄美食，早上限定，賣完走人。在台南偶爾找到這樣的店家，自備食器大快朵頤，是一件神氣的事。

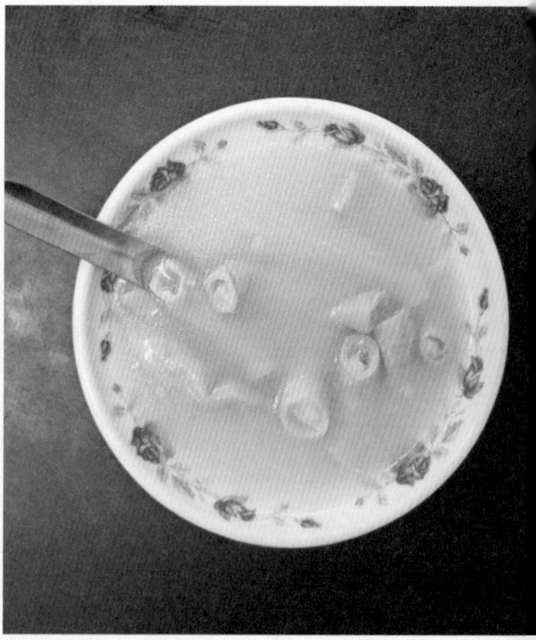

—鎮傳四神湯店—
台南市中西區民族路二段365號
06—220—9686

—四神湯小攤—
台南市北區鴨母寮市場旁裕民街上（早市）

豬血湯。

第八堂
平凡而不登大雅的鄉土湯，卻令眾人皆醉

豬血湯不是台灣獨創的，老祖先早在很久很久以前就這麼切塊煮湯了。因為豬血凝結成固態，可以切塊，所以有了「血豆腐」的稱呼。食用血豆腐，不僅是惜物更是聰明，它的營養十分豐富，得有「液態肉」美稱，甚至比肉品營養更出色。古人都知道讓老人家多吃些血豆腐，能延緩機體衰老，使人耳聰目明。實驗數據也這麼說，它不僅含蛋白質量多質優，而且極容易消化吸收。其所含的鋅、銅等微量元素，具有提高免疫功能及

豬血湯裡添加嫩小腸超級對味，記得撲上些許白胡椒粉

抗衰老的作用。

台灣南北屠宰場，因為作業細節不同，對豬血收集步驟有差，所以南台灣的豬血比較彈牙，這種一咬下，血豆腐即在齒間迸裂彈跳的美食經驗，對於第一次吃了台南豬血湯的北部食客，是印象深刻地美好體驗。

台南豬血湯裡有一種傳統的好東西：豬油粕。那是舊時人們會把肥肉炸出豬油後，留下來的渣渣，香酥，咀嚼有味令人懷念。如果豬血湯少了它，會是敗筆。當然一些油蔥酥、韭菜、酸菜也是非常重要。說了這些，有經驗的人都已察覺到豬血湯的「血統很台灣」，甚至「很客家」，因為這些配料口味其實是很傳統的。台灣這種烹調法，是在兩百多年前，先民們已經這樣定調承傳下來。

傳統做法，先備料：豬血切塊後放入水鍋中川燙後取出備用。將已經煮爛的豬腸切小段，酸菜切末，兩者同時熱鍋拌炒，當是備料。韭菜切約三公分長，將韭菜白投入熱鍋與少許豬油輕輕爆香，迅速撈起當是備料。將豬油粕切片，成適口小塊。白胡椒最佳，備妥。以豬大骨深熬兩個小時以上當是湯頭……。

有沒有覺得這碗精深的古早味豬血湯，開始讓人期待了？

五妃廟旁小巷的葉家豬血湯，保留著古早味的烹調方式，第一代葉水龍和妻葉蔡錦秀，已交棒第二代葉明德葉正良兄弟。先把新鮮豬血除去表面雜質，洗淨，切成二、三公分整齊塊狀，再以滾水汆燙，除去腥羶味，再放入已熬煮多時的高湯中，讓高湯的鮮甜入味，濃郁香醇清甜可口，起鍋。豬血嚐起來清爽富彈性，柔軟滑順。熱騰騰高湯，加入洗淨去鹹的酸菜心和汆過的韭菜段子。我去，則多吩咐加入熟透的豬腸子，精煮得軟透還保有嚼感，再佐食香噴噴米粉炒，這是我的午餐輕食。

……………………………………

〔葉家豬血湯店〕

台南市中西區慶中街24號

06－214－1005

椪豆仔湯。

第九堂

口味清淡宜人，荷據時期留下的文化遺產

「椪豆仔湯」是台南人的稱呼，說得明白就是「荷蘭豆仁湯」。荷蘭豆，是荷據時期荷蘭人引進的嗎？如果是，從哪裡引進？如果不是，那它的身世又是如何？其實，荷蘭豆就是豌豆，它並非如其他蔬果番茄、番石榴、番麥、番薯等等在大航海時期，荷蘭人從中南美洲引進的。台灣最早的荷蘭豆，是從中國大陸所引進。而原產歐洲南部、地中海沿岸的荷蘭豆，早在漢朝即有引進的紀錄，只是稱之為「豌豆」。這個種子味道鮮甜，是一種常見的豆類食品，倒是在台灣的荷據時期，

民族路上的街屋，不甚寬敞，卻是府城著名美食大家

因為荷蘭人推廣栽種，所以才有了這個名稱。

在英國它用的是法語名 Mangetout，直譯過來竟然是「全吃掉」的意思，代表它不僅豆仁好吃，鮮嫩的豆莢也非常適口；在德國叫 Zuckererbsen 糖豌豆；和不少英語國家類似，在澳洲它又叫 Snow Pea 雪豌豆。在中國除了稱之豌豆，圓身的又稱蜜糖豆或蜜豆，扁身的稱為青豆或荷蘭豆。或稱之淮豆、麻豆、青小豆、回回豆、雪豆，甚至叫它「國豆」。北京有一種特殊的可口甜點「豌豆黃」，清爽綿趣，我樂此不疲。在台南的甜品，也把「樆豆沙」多用在紅龜糕或紅圓傳統祭品的內餡，我對此的評價也高於紅豆沙內餡。

荷蘭豆較早多栽種在中國南方，所以在荷蘭等地，反而有了「中國豆」這一名稱。而今天的台語還稱它荷蘭豆，這實在有趣！為何？無直接證據，荷蘭人有吃傳統糊糊一碗的豆子湯習慣，味道厚實有味。在鄭成功未來台灣之前，臆測在台南的漢人，就稱這樣豌豆為荷蘭豆吧！久之，這種豆子湯傳承了下來，如此以去膜碗豆煮出來的道地台南味湯食，叫做「樳豆仔湯」，因為豆子口感蓬鬆沙綿。如今味道變得清淡宜人，最多出現在香腸熟肉店。

在民族的「清子香腸熟肉」，是我會想念的店，他家的去膜碗豆事先熬爛，湯水是清子熬煮各式熟肉湯底的高湯製成，湯清味鮮。我總會要求切一些白蘿蔔入湯，湯面撒上香菜段子，家常味道，在一頓略重口味的「香腸熟肉」沾醬之間，卻如此合宜，顯示出府城美食在口味輕重之間的美妙平衡。

—清子香腸熟肉店—
台南市中西區民族路二段248號
06—220—6158

—小西腳碗粿店—
台南市南區夏林路1之29號
06—224—5000

羊肉湯。

第十堂
湯味層次豐富，最佳賞味時間只有三分鐘

台南的小吃一定要從早餐吃起，除了四大傳統早餐，許多人也會聞香到了阿堂鹹粥隔壁，享受這一碗經典的羊肉湯，在府城賣羊肉湯的店家不多，但是「包成」遠近馳名。清湯羊肉，比較像是府城的牛肉湯做法，不同的是，湯裡還會加些酸菜丁子，這是不凡的佐料，微鹹，輕酸，讓湯味顯得層次豐富。另一種當歸羊肉則是濃郁味揚，湯色深邃，油花顯得清雅馥郁。這一種當歸燉成的不同選擇，湯頭分量不多，店家只備有約

光看紅肉的鮮腴，即知這是美食家珍惜的溫體山羊肉

兩大鍋，所以總是很早就賣完了。早起的鳥兒有蟲吃，在包成羊肉湯是真理。

不管哪種風味，肉湯端上桌面，羊肉最佳賞味時間只有三分鐘，請專心在時間內請把羊肉吃畢，如果你要拍照，速速完成，趕緊就口。湯汁再細細品食，無妨。

包成羊肉湯早上五點開始營業，十一點左右，中午前收攤（其實多在十點前已經賣完），這是台南很傳統的「專門營業時間哲學」，不同的美食有不同「該有的」營業時間，不貪，店家們總是不忮不求延長時間。如果，有店家踰矩，會受到同行與老饕「瞧不起的」，這是很玄妙的城市氛圍。為何？因為有些新鮮食材，有最佳品嚐時效，超過了，就是不尊重食客，有誆騙之嫌，這是台南「良心」美食文化！

羊肉，加熱易熟，但是要沒啥羊臊味，這是需要本事的，而且包成的湯頭品質始終維持一致。為何這麼說？話說二〇一〇年十二月，包成羊肉貼了張公告，寫著因為貨源短缺所以必需暫時停止營業。是對羊肉品質的堅持？還是老闆的手腕因職業病傷害必須休息？謠言中也多了其他八卦。三個月後，二〇一一年二月八日重新營業，但已經將店盤給別人，原來的老闆指導了兩個月後，就換新老闆進場經營。好消息，好味道依舊，也是高朋滿座。對於一爿名家老店，我們總擔心世代交替之後「落漆」，或是新東家接手美味「走鐘」。

包成羊肉湯，我知道我還可以再吃好長一陣子。

─包成羊肉湯店─
台南市中西區府前路一段425號
06－213－8192

羅宋湯。

第十一堂
府城新味道，細心熬煮三十六小時的好滋味

台南小吃真的不是只有蚵仔煎和碗粿，這十幾年來，一些相對於老府城的新味道，已經悄悄地落地生根了，這些美食大多集中在「東區」，東區因為有偌大的成功大學校園盤踞，醫生與教授成了當地風景，加上位於鐵路東側，整個人文發展完全迥異於舊城，房地產是台南市平均單價最高的地方，學歷與收入平均也是最矚目的區域。對於美食，這個區域的人更嚐鮮，也多了許多異國風的餐廳。

湯頭燉煮需時 36 個鐘頭，我總稱呼這是銷魂牛肉湯

羅宋湯，最早出現在上海，當年一批俄羅斯人因為十月革命，輾轉到了上海落戶，他們帶來了伏特加和俄式的西菜，也在上海開了第一間西菜館。羅宋湯前身就是俄式紅菜湯，酸中帶辣，甜度不足，起初當地人不習慣，漸漸修正後融入海派特色，酸中帶甜，甜中飄香，肥而不膩，鮮滑爽口。這種 Russian Soup 因為上海的洋涇濱英語，成了「羅宋」湯，自此以此名揚名。

久之，形成三派，飯店派、食堂派、家庭派。講究配料的飯店派，精益求精，開啟了羅宋湯的康莊大道。食堂派又稱弄堂派，大鍋湯，以大臉盆或保暖茶桶保溫，不加番茄醬，或是只加了些許，為了上上色而已，那種陽春的湯水，只飄著幾絲紅腸，番茄也多不去皮，這種「番茄煮水」，完全與飯店派相反。至於家庭派，既無法精緻於飯店派，又不想如食堂派那般墮落，便自行琢磨，研究各種燒法，主要是以牛肉代替紅腸。漸漸地，羅宋湯以牛肉當主料了。

一九一七年，俄羅斯的十月革命，近百年了。羅宋湯從上海出發，台灣光復後也引進台灣，如今悄然出現台南街頭。「咖啡是實餐廳」是我的私房餐廳，網路有人戲稱它「貴婦的餐廳」，這是正面讚美。位於東區府東街上，安靜不喧的小街，在公寓大樓一樓，寶藍色的遮陽棚，成排大氣的落地玻璃格子顯得敞麗，騎樓外植滿綠植栽，與進了大門的花鋪空間相映成趣。這家的羅宋湯，我帶著迷戀的心情介紹，頂級牛肉以三十六個小時文火燉得軟嫩誘香，茄汁湯頭則是華麗肉汁交織的經典，湯裡豐富多種的鮮甜配菜，與豐腴的膏脂層層交疊，顯得濃稠醇厚，卻又香韻舒展。

然而，這道美湯沒了，此味此能追憶。四月十六日臉書上，我說：

星期日晚上本想以「羅宋湯」犒賞自己，結果「咖啡是實」店家近日已經改變策略，以A餐B餐取代之前的美食，甚憾！po此文，以示「抗議」！也希望（或是說期盼）店老闆看到這篇文章，幡然回頭，重新起爐，讓我能再度嚐味，一飽口福。

「咖啡是實餐廳」（湯品暫不提供）
台南市東區府東街61號
06－235－6567

香菇飯湯。

第十二堂

老饕的進化版古早味，簡捷俐落而且美味

台南人的美食有一個詞「飯湯」，外地人乍聽之下總覺得籠統，不知所指為何。

過去南部人農忙，或是家中有婚喪喜慶，忙碌，沒時間細細準備餐點，幾乎家家戶戶都會直接準備「飯湯」，精準地說就是「湯泡飯」。先是碗中盛約是三分之一白飯，淋上鮮美湯汁，再擺上各式菜色，就是滿滿豐富的一大碗。各家也有自己的私房配料，因此煮出來味道天南地北，重點是食材新鮮又多樣化，這又跟燴飯有些類似，

如果你沒吃過這個香菇，那你的人生真的錯過不少東西

只差不勾芡，湯汁更多菜色更豐。

飯湯就像是處理家中的剩菜的最佳「懶人餐」。其實，這樣的吃法，不僅南台灣，許多地區也有類似的「美食」，日本的茶泡飯、韓國泡飯、越南冬菜泡飯……講究美食聞名的上海菜裡也有「泡飯」。上海人吃泡飯的歷史由來已久，文史考據應是始於五代，都比上海建城年代更早。泡飯的學名叫「水飯」，五代南唐劉崇遠《金華子雜篇》有這樣的文字：「鄭滲姊謂弟曰：『我未及餐，爾可且點心。』止於水飯數匙。」歷史到了宋朝已經出現了「泡飯」正式名詞。

台南也是美食聞名，「飯湯」豈可把家中所有的剩菜，倒在一起煮湯？成了一大鍋有點像大雜燴、大鍋菜，這絕非台南的「品」食水準。吃飯湯，有貪圖簡捷、速食方便，一方面是天氣溽熱食慾不佳，這樣吃法是解決之道。一次，我在臉書貼文也附上照片：「上個禮拜遊走東京、京都一個星期，吃了不少美食。今天窩居當宅男，認真寫作。為了平息微凸小腹，晚餐特別以剩飯泡綠豆湯為食。這是童年的夏天特餐，今天吃來，有古早味！」近八點上傳，第二天起床後查看，已有五百個讚，小嚇。

台南美食重地國華街三段，有「石精臼蚵仔煎」名店，他家的「香菇飯湯」是老饕的私房名單之一，碗底是粒粒分明的白飯，湯頭鮮郁，深邃卻清爽不膩，切得纖細的筍絲與醃得甘腴的里肌肉條，大朵的滷香菇保留自身香味再入有肉汁的甜郁，最後擺上大大兩隻白皙橘痕的蝦仁即成。我曾與店家的那位八十多歲阿公聊天，興致很高，當他說起「當年他尋覓最好的香菇往事」，而在埔里採買的香菇他依然讚歎不絕。

一石精臼蚵仔煎店一
台南市中西區國華街三段182號
06－223－5679

蒜頭蜆仔湯。

第十三堂

老派台式日本料理湯，品嚐火味盡去的香韻

台灣因為有五十年的日治時期，和式食物迄今依然影響深遠。台南街頭，大小日本料理店數量頗為可觀，有些老店已經有相當年資，這些日本料理店的菜色與火功，早已「馴化」為台式口味。想想，食物口味過了一山一水，本來就有了差異，台南人詮釋火候又有一番定見。於是老派的日本料理，成了老饕尋幽探訪的好所在。

用比較戲劇地說法，如果以「盲食」來品嚐，肯定這些老饕一定可以明快果決地告訴你，這是

點食後，店家起一小鍋湯頭重新煮沸，丟入蜆仔、調味即可

哪一家的經典口味。我喜歡靠近海安路與健康路交口的「富田」，每一道美食均是個性分明，五味辨識度極高，甚至生魚片的豪邁尺寸也讓人印象深刻。每次我進店門，總問今天有蜆仔湯？有！嗯，竊喜，自忖這會是美好的一餐了。

點菜這件事，在老派的料理店，是「人生輸贏」的較勁。如果你說「跟上次一樣的」……那你的人生肯定僵化不知變通；如果點了一些不甚高明的餐食……那你的人生恐怕見識有限；如果點了一些極端冷僻的特別食材……那你的人生則有自尊與自卑的糾葛。怎麼辦？我總是說：前面的生魚片，後面的蒜頭蜆仔湯一樣，中間幾道「來點不一樣的」。這是曖昧的點菜法，對身為熟客的我，每次來，總是可以「溫故」和「知新」。補述一句，你也可以學學《料理鼠王》電影的最後，那位美食評論家，對著小小主廚說：「Surprises me！」

湯色帶有輕濁霧白，非清澈，那是蒜頭熬久後所釋放的「虛無飄緲」。其實，蒜頭蜆仔湯做法簡單，就是食材新鮮，火候通透。約是十五公升淨水，加入三斤剝皮露出嫩白的蒜頭，先是大火煮沸，再轉成小火，就這樣文火「煉」湯頭，幾個小時過去了，鍋內的水分剩下十公升，關火，鍋蓋依然緊閉，利用餘熱將蒜頭繼續「烜」成外觀是完整的蒜頭，可是入口後剎那化為無形，完全沒有蒜頭的嗆辣味，僅留下火味盡去的香韻。當要端上桌前，店家先酌量在小鍋重新煮沸，加入大量鮮蜆，調味，蜆蓋微微開啟，即可關火。不須太多形容詞，就是「人間美味」。

—富田日本料理店—
台南市南區夏林路94號
06—229—2417

古早味菜尾湯。

第十四堂 內容神祕又豐腴，重溫早年溫馨微甜的人情味

電影《總鋪師》讓台灣早期辦桌文化重新回憶，從各式各樣料理競藝競味之外，也彰顯了過去的溫馨的人情味。電影裡憨人師（吳念真飾）教導詹小婉（夏于喬飾）的菜尾湯，代表一種古早人情味的連結。早年辦桌沒有那麼專業，很多「烹調傢俬」都是宴客主人向左鄰右舍借來的。為了感謝各位鄰居的友情贊助，總鋪師會等客人吃完後，把剩菜全部倒入鍋子「重煮」成湯，同時加入白蘿蔔、酸菜、白菜等等佐料，滾煮調味之後，趁著把器具還給人家時，總順便舀取「菜尾」

真高興看到招牌高高掛起，古早味以新姿態入市

分送，以示感謝。「不能空碗還人家」，這是早年溫馨的人情味。

在台南，不僅鄰居，以前只要辦桌請客，除了豐盛菜餚，最後總會準備讓賓客「打包回家的菜尾」，說「菜尾」，那是台南主人家的謙稱。過去時期就是一些沒吃完的筍乾燒蹄膀、佛跳牆、紅燒獅子頭、魚翅羹混在一起，再加了些大白菜、高麗菜、金針、金針菇、木耳、紅蘿蔔、白蘿蔔等等新配菜。這些重新燒煮的湯湯水水，其實很像大雜燴，吃起來的口感卻是異常和諧，而湯頭則是道地的台南「甜甜味」。

菜尾湯又叫雜菜湯，台南老一輩的人應該都有的經驗，或許是惜物，或許是環保，但它絕對是醇厚的「呷人情味」，因為沒有參加宴席的家人，可期待這一味的呢。台南許多人小時候，總是期待大人在吃完辦桌後，帶著「菜尾湯」回來，那種盼望的味道很難形容，是一種小孩難得吃到的豪華，也是小孩難得享受到的大人「神祕又豐腴」美食。

為了溫故知新，台南小吃一軍大本營「保安路與海安路」，路口有一家沒店名的「菜尾」小攤，特別將這個老味道給找了回來，用的當然不是剩菜，而是用豬油將蝦米、扁魚、蒜頭、蔥頭酥爆香後，再加入排骨、肉羹塊、滷腸、木耳、竹筍、金針、香菇、大白菜煮成的古早味菜尾湯，讓失傳已久的「微甜老味道」重現在食客的眼前，你不用再癡癡等待辦桌之際，總鋪師那回眸的最後一道經典美味。

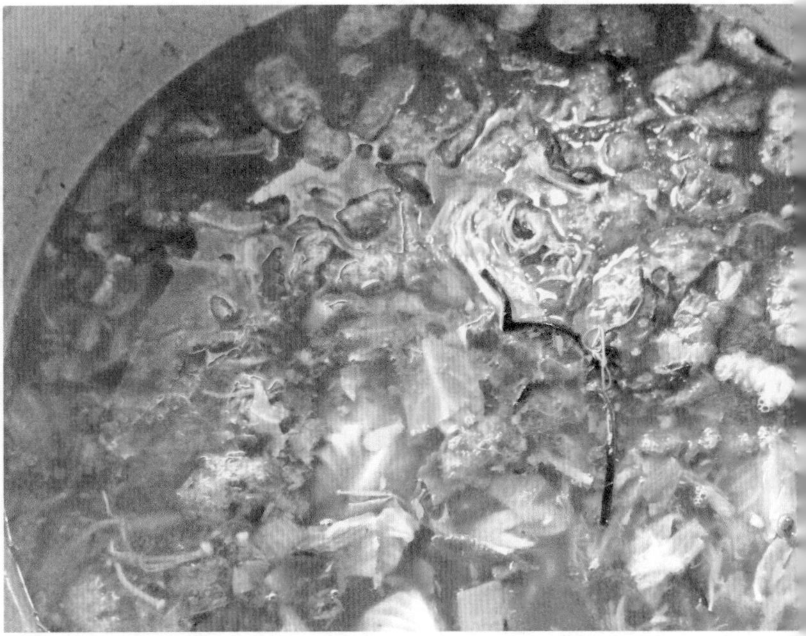

一無名菜尾小攤一
台南市中西區海安路與保安路口

第十五堂

帶著隆重心意，阿嬤的清鮮微酸家常菜湯

「紅茄萣社區是大紅西瓜主要產地之一」，台南學甲區的紅茄萣，位於八掌溪與急水溪之間。這裡的西瓜主要種植在八掌溪河床，隨溪流夾帶而下的阿里山細沙，是西瓜生長的最佳地質，加上鄰近出海口，些許海水鹽分，淡鹹沙地成了西瓜香甜好吃的關鍵。

西瓜要好吃，種植地的沙地是原因之一，勤於「疏果」也是重要工作。瓜農因為惜物，生活儉樸，捨不得將疏果採下的幼西瓜丟棄，因而特

拳頭大小的西瓜仔，疏果後，正是削皮、切片、醃漬時

別用鹽醃製削皮切塊的幼果，這些幼果有比拳頭還小，也有已長得像愛文芒果般大小，醃漬後俱自然發酵的酸味。因為西瓜幼果質地細嫩，因此會有細綿的口感，久之稱為「西瓜綿」。

做法如下：先洗淨幼果，接著削皮、切片、搓鹽到最後壓水，約發酵七天就大功告成。由於醃製過程會產生乳酸，因此具有酸中帶甘的天然果酸味。醃好的西瓜綿像是美味醬菜般，這酸味吃來特別開胃，口感爽脆（小玉西瓜皮肉薄口感較沒大紅西瓜好）。

古早法醃製的「西瓜綿」，特別適合煮魚湯、炒蛋等各種料理，至今流傳了好幾代，仍是紅茄萣每年三、四月常見的農村情景。果實稍大的西瓜綿有脆度，用來煮湯口感最佳，而果實較小的西瓜綿吃來較軟嫩，較適合用來炒。百年來，此

酸中帶甘，口感爽脆，西瓜綿讓鮮魚湯有更多層次的味覺呈現

鄉土家常菜已經遍及府城許多餐廳，與新鮮的魚一塊烹煮而成，各有講究，最常見的應用便是「西瓜綿鮮魚湯」。

台南「海之味」餐廳的西瓜綿鮮魚湯，酸甘味鮮，以鮢鰢魚為豪華基底，湯頭精采。西瓜綿鮮魚湯也是台南「福樓」餐廳的招牌菜之一，以肉質細緻清甜的「紅點魚」為賣點。但是，我醉心「虱目魚煨西瓜綿」，這是過去鄉下味的豪華魚食，偶出現在婚禮喜宴，帶有隆重的心意。

｜海之味餐廳｜
台南市安平區世平五街40巷55號
06－391－0890

｜福樓餐廳｜
台南市中西區永華路一段300號
06－295－7777

清燉花跳湯。

第十六堂

簡單清燉，先民滋補的清鮮養生名湯

「花跳」就是彈塗魚，身體長，前部略呈圓柱狀，後部則是側扁。頭部的前上方是眼睛部位，突出於頭頂，兩眼頗接近，模樣可愛。腹鰭短，左右可以合成吸盤狀。肌肉發達，故可跳出水面運動。平時居於海邊潮間帶，退潮後時常匍匐灘塗，遇上招潮蟹時，就故意搖動尾巴挑逗，當笨拙的招潮蟹張開大螯想鉗住它尾巴時，機靈的花跳魚便瞅準了，用力擊斷蟹螯，然後從斷口吸吮蟹肉。

餐廳裡每天備有數量不多的花跳魚，僅給老饕饗食

早期養殖用種苗，多採用河口之天然種苗，於盛產期之六到八月，在河口淺灘用網捕，尤其在積水的低窪處，根據經驗大雨後漁獲最多。台南濱海地區「北門」有人以小蚵寮養殖，已經營三代了，阿霞飯店的花跳食材則來自這裡。養殖池蓄較淡的海水，須有較厚軟泥或黏土在池子裡供其挖孔道的習性。池堤一般高出水面半公尺，避免花跳逃逸，又由於池水淺、花跳魚小，是白鷺鷥、夜鷹喜食之對象，所以池子上空要蓋網，避免被食。至於花跳主要攝食為細柔底藻，牠它們不再吃招潮蟹了。

漁家捕捉的技巧：清晨，先將魚塭裡頭的水放掉，然後拿著特殊竹編的魚籠進入泥地中；用泥團先將彈塗魚挖的小洞口塞住（牠的天性是，在泥土裡挖個直立Y字型的洞，兩邊是開口的，一邊大一邊小），將魚籠的開口蓋住大的洞口即可；等到陽光開始炙熱，彈塗魚就只能從大的洞口鑽出來，這樣就進入竹籠裡。收成時間到！

「阿霞飯店」稱這花跳湯為「花鰷魚湯」。美食家推薦其肉味鮮美、營養豐富。老人家說「花鰷湯能夠滋養顧元氣，人在生病過後，或是孕婦生產後坐月子時，攏會喝花鰷魚湯來照顧身體。」營養學家說它含脂肪較少，含膽固醇更少，且含16碳烯酸，有保護血管的作用，是老年人和高血壓病患者的理想美食。怎麼樣？有無開始覺得：它是大海賜予的美味佳餚和理想藥膳。

新鮮的花跳，清燉料理，加些許薑絲與調味即可。因為這彈塗魚雖小，卻有許多細魚刺，所以端出此湯上桌，阿霞店家總要示範：吃前，還得拿著湯匙壓住頭，筷子從魚肚中間輕劃開取出裡面的骨頭，如此就可以輕鬆饗食了。

一阿霞飯店一
台南市中西區忠義路二段84巷7號
06－222－4420
06－225－6789

學分十—日治時期後的美食小抽屜

故事從幾年前紅火的日本NHK大河劇《篤姬》說起。

篤姬從小接觸西方文化，為第十三代幕府將軍德川家定的正室夫人，她僅四十九歲就去世，謚號「天璋院」。但她對日本提前進入現代化功不可沒，間接促成「王政復古」，將政權歸還給明治天皇，才有後來「明治維新」時代的出現。

稍略讀過歷史的人都知道「明治維新」，那是十九世紀中葉（一八六八年）的大事。舉世都在動盪變革的大時代，中國的第二次鴉片戰爭剛結束幾年、美國南北戰爭落幕三年，再過幾年，德意志帝國也將創立。日本大張旗鼓，派出國家的菁英人才到歐洲學習典章制度、西方建築、法律、軍事，也把歐洲的飲食習慣帶回了日本。

於是，我把日本的明治維新稱之「美食維新」。

二〇一四年六月，原創建於一九三二年的林百貨（Hayashi Department

Store）重新開幕，這一座充滿日治時期風格的六層樓建築，是台灣彼時第二座百貨店。新開幕後，位於四樓的「林咖啡」找我談簡餐的內容定位，我建議就不妨打開日治時期的歷史小抽屜，把簡餐分別稱之「明治」、「大正」、「昭和」三種，分別以那個年代的風潮美食當是餐飲的設計。

明治時期（一八九五—一九一二），天皇鼓勵日本人食肉，開始吃外國蔬菜甘藍菜、馬鈴薯、洋蔥、胡蘿蔔、番茄、蘆筍等等，烘焙了第一個麵包——紅豆麵包，接著有了不同的果醬麵包，也開始流行日式炸豬排……。

大正時期（一九一二—一九二六），那是一個浪漫時期，人們開始流行看電影、穿洋服、喝紅酒、到海水浴場戲水，也到老式咖啡廳喝咖啡。熱門的洋食物，除了日式炸豬排，多了咖哩飯、可樂餅。大正十三年，日本兵庫縣落成了一座棒球場，因為當年是甲子年，所以稱之「甲子園」。台灣也開始瘋野球……。

昭和時期（一九二六—一九四五），多了蛋包飯、紅豆鬆餅、菠蘿麵包，流行「咖啡凍甜點」，用紅酒杯盛裝黝黑的咖啡果凍，上頭擠上一坨鮮奶油，呈現苦澀與香甜的二重奏。台南街頭有鍋燒大麵、加了香蕉油的剉冰，冰棒小販在電影院前大發利市等等，人們也開始流行飯後吃水果，甚至有了布丁……。

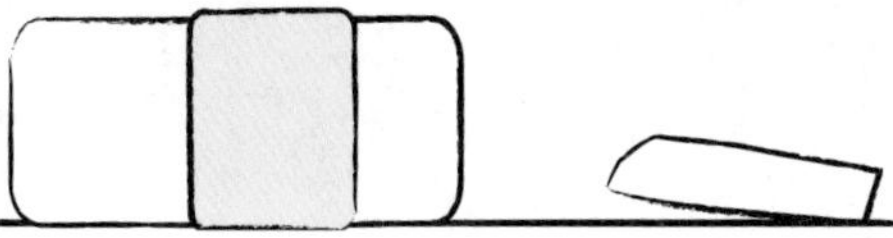

布丁。

第一堂 從日本權貴到台灣仕紳，再到台南全民美食

日本的「和菓子」，最早是受到唐朝深遠的影響，起初稱之「唐菓子」，經過演變與流傳，成了今天的精緻甜食文化之一；十六世紀後，開始受到西式點心（日本一開始稱之「南蠻菓子」）的影響。明治維新時期的留學生，回國時紛紛帶回了不同「洋菓子」，其中有一種綿密滑嫩的「布丁」，他們把此香醇濃郁的「炭火烘焙」蛋奶美食上貢給日本皇室，受到極度好評。結果是「上有好焉，下必趨焉」，布丁成了日本高貴、滋滋有名的甜品。當然，一般百姓僅僅只能「聽來吃」。即使在台灣進入日本殖民地的年代，布丁仍屬於皇室家族與權貴的上等點心。

我試過厚吐司烤酥，倒上一杯碎布丁，就口，極度美味

在府城直到日治時期中葉，才成為茶座裡的高檔點心。當時，製作布丁的技術完全掌握在日本師傅手上，一般庶民只能當是雲端美食。

直到太平洋戰爭前，情勢開始改變，許多日本料理店裡的年青人被徵召入伍，台灣人於是有機會進入日本料理店學習，少數台南人學得布丁的製作方法，其中一位吳連春先生，便是從原日本皇室點心師傅「佐藤桑」那學會了傳統烤布丁。

一九三九年，吳連春創業開設「銀波茶室」，所謂茶室，就像現在的冰果室或是庶民咖啡店。七十多年前，「銀波」是以鋁製的布丁盒子，開啟台灣人自己的「布丁文化」首頁。可是，光復前後，物質缺乏，雞蛋、牛奶都是高檔食材，布丁成了喜宴辦桌時最被期待的奢華甜品。漸漸地，台南大飯店、阿霞飯店等等高檔餐廳也選用布丁做為指定點心，莉莉水果店、迦那水果店、龍泉水果店等二十多家店跟進，從此造就了布丁成為府城的流行高級點心，一直到今天。

陋巷裡的銀波老店，才是正牌。第二代阿嬤與第三代兒子守著老店，店裡破舊，窄促的空間擺滿仍然服役中的簡樸器材。老店堅持最單純的手工傳統，三代一脈傳承的甜點，濃稠焦糖略帶微苦，糖韻悠遠。至於老店烘焙火候細節的眉眉角角，從出爐後可以看到布丁上的那一層可以彈牙的薄膜，就知道這真是「懷念」的好味道，至於「裸包塑盒」超陽春包裝，使得其價格相對便宜。這樣的執著態度，讓產量一直無法提升，一天忙下來，就只做八百顆，如果你去買不到，千萬別惱怒，這就是老店的規模。

江山代有才人出，近年府城布丁新傳奇「伊蕾特」，以優質多樣食材、高溫水浸法和三段降溫槽，創造了新好風味與更滑嫩令人驚豔口感，布丁又風起雲湧。當然，精美雅致的新包裝，也啟發了其他布丁店家的做法。

府城的各家布丁名店也順勢大放異彩，而且味道各具特色。如果把口感以光譜來定位，一字排開。光譜一端，從府前路二段銀波老店的古早味「木棉」口感布丁，到另一端，伊蕾特的細綿滑順「絹漉」嫩布丁。其他幾家名店則分布於兩者之間。特別說明，「木棉」、「絹漉」是製作日本豆腐的區分名詞，「木棉」口感較綿密、紮實，「絹漉」口感較細膩、軟嫩。府城的布丁真是博大精深。

「銀波老店」
台南市中西區府前路二段40巷24號
06－227－4747

「伊雷特安平店」
台南市安平區安平路422號
06－226－0919

克林姆麵包。

第二堂

讓人安心也讓人驚豔，百年和菓子店傳世經典

台灣早年的麵包都傳自日本，而日本的麵包又從歐洲得到啟發。話說明治維新來臨，日本已經從一些南蠻人（葡萄牙人、西班牙人與荷蘭人）認識了麵包，他們稱呼它「不可思議的食物」。之後，基於國防需要，麵包的發展主要用在戰爭的「軍糧麵包」。漸漸地，日本人陸續從像鰹魚形狀的法國麵包（外皮堅硬），變成大型的英國麵包（像米飯一樣內層柔軟），畢竟這種口感比較符合傳統的米食與饅頭的軟硬。不過，新麵包究竟有許多技術與材料要克服，飲食習慣尚未普及。

克林姆麵包是我童年就喜歡的點心，香腴奶綿的內餡，真好

一八六九年，有一位木村安兵衛在東京日蔭町開設了一家小型西式雜糧兼麵包店「文英堂」，這是東京的第一間麵包店。不久火災，在尾張町改開「木村堂」，三年後又在一次火災中蕩然無存，搬到今天的銀座大道（那是由英國人設計的可耐火的紅磚街道），繼續努力研究將麵包開發成日本人的味道。一八七四年，安兵衛帶領他的兒子英三郎找出突破性的發酵方法，成功製造出「紅豆麵包」。這是日本的大事，這個麵包與過去他們習慣的酒饅頭、蒸饅頭完全不同，與南蠻人傳進來的麵包也不同。

於是「烤學問」取代了「蒸學問」，那是「洋食」的大革命開端。一八九五年，明治年間台灣進入日本的殖民時期，「紅豆麵包」也引進了台灣，我們也開始吃起了「紅豆麵包」。一九〇〇年，木村屋推出「果醬麵包」；一九〇四年，木村屋推出「奶油麵包」，我們也吃到了，跟著稱之「克林姆麵包」。

台南有一間百年的和菓子店「甘泉堂」。這家店目前仍保有日治時期的鮮奶克林姆麵包。店家自製「傳統克林姆」：鮮奶、奶油和糖用小火煮滾，倒入蛋和玉米粉，熄火攪拌，再開小火續煮，直到奶漿變稠起泡，已是二十分鐘過後，兩手沒停過，這是讓人安心的百年舊食味道，絕非代工廠的廉價俗味。

這個克林姆的味道太讓人驚豔了。如果嫌吃麵包似乎老派了些，店裡還有「奶油蛋糕」，個子不大，外皮是軟嫩密綿的海綿蛋糕，裡餡則是大量自家所做的「百年滋味」克林姆。一口咬下，有爆漿的幸福感的濃郁古早味。

—甘本堂蛋糕烘焙坊—
台南市中西區民生路一段35號
06—223—3632

馬卡龍。

第三堂 眾人趨之若鶩的法國甜點貴婦，在台南叫「牛粒」

馬卡龍又稱做法式小圓餅，這是一種用杏仁粉、白砂糖、糖霜和打發蛋白混合後，短時高溫烘烤的法式甜點，通常在兩塊餅乾之間夾有水果醬或奶油等內餡。

話說法國東北的洛林省南錫市，昔日當地女修道院規定嚴格，禁食肉品，於是她們製作糕點取代肉食，而營養豐富的杏仁是常被使用的材料。

一七九二年法國大革命後，許多人流離失所，修

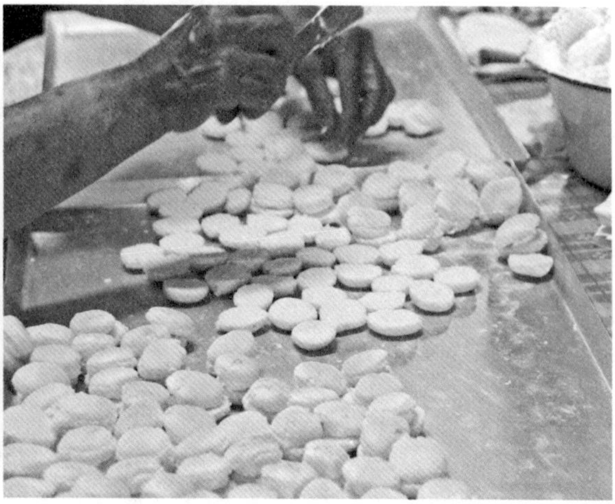

鬆綿的餅片是 82 歲阿公所製，80 歲阿嬤負責塗上夾心奶油

道士與修女們也是。有兩位無處可去的小修女做了杏仁餅謀生，想不到這種扁平形狀，外酥內軟、表面有不規則裂痕的甜餅大受歡迎，成了南錫的代表性特產。後來，這個甜餅傳到巴黎，一名廚師將它改良成兩片杏仁餅之間有夾餡。這種杏仁細粒含量高的馬卡龍，入口後先感到杏仁及奶油交織的香氣，之後是杏仁餅與一層豐富奶油交融後「甜郁的天堂滋味」。現代美食家則形容，這種精緻小巧外殼光滑的馬卡龍有「少女酥胸」之稱。

美食家也說，吃馬卡龍不要迷信名牌（有些一顆要上百元），先看長相，要外表光滑，邊緣裙角像蕾絲般均勻。不要挑顏色太鮮豔，避免吃了一堆色素。咬一口，外殼脆中帶黏，餡料多寡不是重點，而是考量整體甜度的均衡。我吃過台南「深藍咖啡」的馬卡龍，四種口味：玫瑰加荔枝、法式藍伯爵茶加矢車菊、純巧克力、台灣古早味（黑糖、桂圓、芝麻），滋味甜雅，口感微黏但是輕酥且耐人尋味，是讓人迷戀的好東西！

位於台南民權路二段的「新裕珍餅鋪」創立於一九六九年，創始的柯老先生八十多歲了，目前三代還同時上陣，以手工製作的小西點，是目前店內走紅的招牌「牛粒」，杏仁小圓餅（日語叫「福臨甲」），外皮酥脆帶軟，內夾鮮奶油，因為造型圓扁可愛，文史工作者曾「台式馬卡龍」，從此老店不時出現人龍。大門櫥窗擺著一盤盤疊落整整齊齊的各式各色小點心，琳瑯滿目，那些老派的甜點，因為馬卡龍的名聲流傳，重新被認識，讓柯老人家這幾年意外翻紅。

說意外，卻是不意外，這種老派小西點的手藝，老人家已經做了一甲子，藝冠群雄。至於，口味與技巧，是傳承自日治時期的精緻技藝，和那個時代的老味道，在府城營業又加入台式甜點美學，自成一格。這種白色「牛粒」口感吃起來以鬆軟為主，比較沒有脆硬的口感，不會過於甜膩，食材的香氣悠然飄揚，小巧適口。新裕珍如今不寂寞了，古早味有了新的擁護者，同時，柯老先生的孫子已經扛起歷史傳承，真好。

—深藍咖啡店—
台南市東區府連東路55號
06—238—7722

—新裕珍餅鋪—
台南市中西區民權路二段60號
06—222—0420

關東煮。

第四堂
從中原到日本到台灣，搖身變成常民幸福小食

先考據「黑輪」的身世吧，其實，關東煮「黑輪」是日文「禦田」（おでん，發音oden）而來，而「禦田」則是「御田樂」、「田樂」的簡稱，所謂「田樂」就是將豆腐串成一串，用炭火烤過，塗上味噌醬，這是傳統食用的料理。這個古樸的美食，我在九州鄉下的百年老店吃過。這種「食文化」源自於日本平安時代的農耕社會，農人為了祈求豐收而跳「田樂舞」時，皆穿著白色裙褲，和豆腐有幾分神似。

各式海鮮與魚漿組合的「甜不辣」美食有炭烤者，有油炸者

有趣的是，平安時代這種「田樂舞」，學自同時期的大唐民間習俗，《籥章》：「凡國祈年於田祖，則吹豳雅，擊土鼓，以樂田畯。」《爾雅》謂田畯，乃先農也。於先農有祈焉，有報焉。則神農、后稷與夫俗之流傳所謂田父、田母，舉在所祈報可知矣」。白話就是：「農民種田時，祈求田神保佑豐收，以笛子和太鼓在田埂唱歌跳舞。」

這種田樂祭食在從平安時代到江戶時代都是加了味噌一起烹調，而現在大家所吃到的黑輪口味則是沿自於明治時代，多使用白蘿蔔、丸子、甜不辣等味道鮮美清爽的食材，放入高湯中燉煮入味，再蘸以特殊味噌蘸醬。今天所要介紹的主角甜不辣、黑輪，又稱之天婦羅，就是一種魚板，英文 tampura 或是 fish cake。道地的甜不辣醬內除了有糯米粉、醬油、番茄醬和糖之外，最重要的就是味噌，可見黑輪仍保有古風。

「關東煮」是關西人給這種料理的名稱。通常材料包括煮雞蛋、蘿蔔、蒟蒻、竹輪（chikuwa，也叫竹魚板、獅子狗魚蛋）等，這些材料都放在昆布或者鰹魚（柴魚）湯裡煮。可以用來佐飯，也可以當做小吃。台灣的「黑輪」食文化，從日治時期開始，經過小七的發揚光大後，成了台灣的「幸福小食」。

府城有許多街頭黑輪小攤，味道都不俗，各有專長：在北區大武街，幽靜小街道，下午兩、三點才出沒的烤甜不辣推車，值得老饕尋味。在中西區正興街的「豐發黑輪」，是台南魚漿供應商所開展的名店，旗魚黑輪，魚漿新鮮，魚香薰然，口感不軟糜，勁韌但不死柴。現做的旗魚天婦羅的口味，也不是那些添加了許多修飾澱粉的火鍋料可以比擬。（豐發有隱藏版的生魚片，也可以試試。）

也介紹一家五十年老店，那是我常去的「原沙淘宮關東煮」，原來在廟口，現在位於西門路上鐵皮搭建的，空間陽春沒有裝潢，地上是抹平的水泥地。除了白蘿蔔、魚漿黑輪，招牌苦瓜封也頗受歡迎，高麗菜捲自己綁的，丸類也都是用新鮮魚肉打成。至於招牌則是「炭烤海產」，這是府城老饕的傍晚後的祕密基地。

……………………………………

|原沙淘宮關東煮|
台南市中西區西門路二段86號
06—228—8321

|豐發黑輪店|
台南市中西區正興街90號
06—222—3805

鍋燒大麵。

第五堂

先喝一口湯再吃麵，挑破將熟蛋黃味道更迷人

最早源於日本鍋燒烏龍麵，原始的名字稱之「月見大麵」，大麵就是烏龍麵。根據日本香川縣傳說，這是唐朝時由弘法大師把此麵的製法教了當地貧民，讚岐因為瀨戶內海少雨水，多旱田不宜種稻，於是傳授了他們以小麥為料的麵條，有了此技藝和產品，當地人不再堅持種稻，改種小麥，自此改善生活。這就是現在的讚岐烏龍麵的原型。

通常烏龍麵，用中筋性小麥粉加入少鹽而製

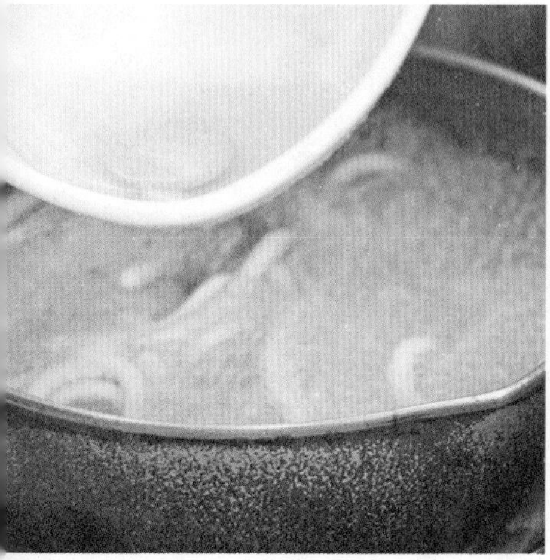

爐火旁所有配料備齊，有魚板、炸蝦、旗魚炸等等

作，食用時多採用柴魚、昆布以及醬油熬煮的湯底。「鍋燒烏龍麵」則是以一小鍋，燒煮單人份，湯裡有顆雞蛋像月亮，昏黃渾圓，不熟透，剪破蛋黃還會流出蛋汁，日本人稱它「月見」，全名「月見大麵」。可是台南人還是鍾情於自己的意麵，這種由新鮮雞蛋或鴨蛋與麵粉混揉的微黃麵條，如果經過油炸，會膨脹，入湯則會吸附大量湯汁，受到台南老饕的歡迎，而且歷久彌新。所以，鍋燒大麵、鍋燒意麵，府城人就這樣吃了一百年。

民族鍋燒老店，一九六三年由李媽媽莊鳳治創始設攤，當年為了幫忙養家，賣些蚵嗲、鹹粿等等炸物。後來研發了當年叫做「月見大麵」的鍋燒大麵，在當年小吃一軍集中區的「民族夜市」聲名大噪。一九八三年民族夜市拆除之後，轉入民族路遠東百貨斜對面。之後，長媳陳靖文接掌主廚，二〇〇六年底再度遷移到現址赤崁東街的街口，地點極佳，也成了府城要排隊的名店。

老店的湯頭特別深邃，那是因為以大量柴魚「煉熬」所成。小鍋湯汁煮沸，置入一把烏龍麵或意麵，待湯重新滾沸後，再打入雞蛋，湯鍋立刻離火，倒入已經盛有青菜的碗公。撒些蔥花，清爽簡單。建議自行斟酌加入辣椒細末，先喝一口湯，品嚐柴魚湯頭，再吃麵。碗裡的蛋黃，軟心而不熟硬，挑破它依然些許蛋黃流出，蛋香迷人。值得一提是鍋內的佐料，其中旗魚炸物品質比照生魚片等級，鮮嫩兼而有之。兩隻白鬚蝦併在麵衣裡炸過，火候精準，不乾不老，蘸著柴魚湯汁入口，滿是享受。

—李媽媽民族鍋燒意麵—

台南市中西區赤崁東街2號

06—222—7654

紅豆泥。

第六堂

純粹的花豆潤香與氣質，盡在口舌之間纏綿

在二〇〇七年《慢食府城》書裡介紹了「好吃紅豆」，鼓勵外地食客認識它，也勇敢品嚐。後來在網路美食介紹確實多了許多報導。我曾再度訪談紅豆泥店家，也說動許多外地客人，真好。我們這次更細膩地介紹這味「台南十大散步甜食」。

這裡所說的「紅豆」，是指暗粉紅色的「大紅豆」(非小紅豆)，即是花豆、花麗豆，品種有紅皮種、白皮種、青莢種、花莢種等。原產中南美洲，一八六八年引入日本栽培，日治時代再間接引進

花豆俗稱大紅豆，原產於南美洲，日治時期引進台灣

台灣，其粉粉甜甜的質地，沙沙綿綿的口感，是做糕餅餡料，與夏天剉冰的最佳配料之一。我喜歡大紅豆牛奶冰（大量濃稠的煉乳），這是我的私人夏天冰品清單之一，有人則喜歡把它加在八寶粥裡。紅豆泥則是日治時期的日本人甜點，大紅豆泥的內餡是他們的甜蜜幸福滋味。

日治時期曾文泉先生從日本師傅學得做法，光復後在台南街頭賣著日味「甜花豆泥」，他把做法傳承下來，開始開枝散葉，一台推車或是腳踏車陸陸續續出現在台南街頭，直到今天亦然。一方玻璃箱罩，裡面一大坨綿密粉紅豆泥，秀色好看，豆香清遠，秤磅論價。在沙卡里巴市場外，在永樂市場附近，他們就這麼接棒了七十年，招牌寫著「好吃紅豆」，老台南人都知道這一味。

豆泥做法：選用質優肥碩的薄皮花豆，先浸

泡數個小時，去水，重新以新鮮的水沖洗，再入鍋以小火少水熬煮，當花豆軟爛後（尚未破皮），倒掉多餘豆汁，添加二號紅糖，再以文火慢慢收乾多餘的水分。漫長的時間都必須隨時攪拌，避免鍋底的花豆燒焦，因為只要有一些焦味，原本淡淡的豆香完全被遮蓋，這鍋便毀了。這種以火候和細心看護的簡單美食，只有在重視「厚工」的府城看得到，所以販賣這種美食的人家，多是純樸古意的臉孔，但眉宇之間多了隱隱的堅毅。

最佳吃法，買回後先置入冷凍庫，之後在冷藏室漫漫解凍，這樣冷凍解凍動作，可以讓紅豆泥更有綿勁，不是只有軟甜而已。泡個茶，一匙紅豆泥入口，略略咀嚼豆香洋溢，融解後滑順入喉，如此「盡在口舌之間纏綿」的台南特色美食，就是幸福。

一徐家好吃紅豆攤一
台南市中西區中正路235號前

蝦仁飯。

第七堂
柴魚高湯與白飯合唱，收乾湯汁成鮮香米飯

我有一位台北朋友，算是吃遍全球的美食家，夫婦倆到台南「暴飲暴食」，要我列出「二十必食名單」。幾天之後，除了來電致謝之外，特別強調他給蝦仁飯第一名，真是驚喜交加的美味啊！我說你太誇張了，內心卻稱讚他倆內行！

日本美食有「丼物文化」，在日語中「丼」讀Don，並非和製漢字，而是來自於中國，用來形容石頭落入井時所發出的聲音。丼飯其實就是「蓋飯」，通常會依照碗內所裝盛的食物名稱來為

爆火炒過火燒蝦仁與青蔥段子，瀝乾下的蝦濃汁入鍋炒飯

丼物命名，並將該料理稱為「某某丼」，像是親子丼、牛丼、刺身丼、豚丼等等。如果用「蓋澆飯」說法，就是在米飯上澆入菜滷，做成一人份量的飯，不用碟碗齊上，以供客人迅速進食，省去挾菜麻煩。而這樣吃法的食物在日治時期也引進了台灣，受到歡迎。

台南的「蝦仁飯」原始創辦人叫做葉成，起初學藝於「明月樓」日本料理。後來，決定自行創業時，剛好是蝦子的盛產期，於是仿用蓋飯「丼」的構想：「一大碗飯上頭鋪蓋著滿滿的好吃蝦仁」，再融合台灣口味，研發出獨步全台的「蝦仁飯」。以蔥段炒新鮮火燒蝦去殼的蝦仁，鋪滿在古法炊煮的香米飯上，看似簡單的美味，九十年來的傳奇小吃，一直是內行的台南老饕私房名單。

蝦仁飯的做法，採用熬煮兩個多小時的柴魚

高湯，加上醬油、少糖、薄鹽等基本調味，當是炒飯用的醬汁。把這醬汁為底，再加入另外事先以油鍋和蔥段炒過的蝦仁所濾下的蝦汁，熱鍋大火中，再放入米飯，不斷攪拌翻炒，讓米飯充分吸入柴魚醬汁與蝦汁，水分收乾後，帶有濕軟的炒飯，起鍋入碗，鋪上之前熱炒的濃郁鮮香蝦仁即成。近年物價上漲，蝦仁變少了，老饕自救的方式是跟老闆說「再加二十元蝦仁！」

當年創業在西門市場的葉成個頭不高，朋友客人都親密的喚其「矮仔成」，久之「矮仔成」一詞，竟也進展成府城知名小吃的金字招牌。第二代葉旗財接手，但因沒有後人接手，退休後，這個味道分裂成兩家：「矮仔成蝦仁飯」和「集品蝦仁飯」，兩者分據海安路兩側。那天，我介紹友人去吃的是「集品」。

—集品蝦仁飯店—

台南市中西區海安路一段107號

06—226—3929

—矮仔成蝦仁飯店—

台南市中西區海安路一段66號

06—220—1897

水果攤名店。

第八堂 早年都是重要社交場所，也是炫富之處

吃水果這件事與日治時期有關？應該說晚餐後吃水果，有助消化與營養均衡，這個觀念與風氣跟日治時期有關，更重要的是，這事兒顯得「更文明」與「更講究生活品味」。所以從仕紳們引領風騷，府城人一向重視面子，社交應對尤其中規中矩，「飯後吃水果」便成了台灣特有的社會現象，帶有「炫富」的心理。這是其他地方所沒有的社會狀況，許多外地人至今納悶，台南怎麼有這麼多這麼棒的水果老店？

我認識一位水果老攤的老闆娘，一天，隨口問她，你們家最貴的東西，多少錢？她伸手比個三，三百？不是，是三千！這是五年前的事，我訝然地追問那是什麼？日本空運進口的頂級水蜜桃，吹彈可破的極品，不加水，去皮的百分之百果汁！這麼誇張，是什麼樣的人在吃？大哥的女人！吃給隨旁的小弟看的！懂了沒，這是吃面子的。

我聽一位台南長者，也是仕紳等級的老台南人描述過這種場景，他把我比擬「王董仔」說，王董仔耶！你帶著家人飯後來水果攤，點了綜合切片，記得你要選在騎樓下的桌子，你呢，要坐在面向外的位子，讓路過的人都看到你在這裡吃水果。這是那個年代的遊戲規則！所以，二十年前，我總覺得奇怪，為何台南這些水果店，都到下午三四點才開始營業。原來他們是賣晚餐後、宵夜場的。

目前台南最老的水果店，應是正興街的「泰成水果店」吧！一九三五年開始營業，其他台南有名的水果店裕成、義成、莉莉等等都晚於這個時間。這些水果店有共同的特性，門前攤上所擺設的各式各色水果琳琅滿目，真是秀色好看，品質確實跟家裡吃的不一樣。近年台南旅遊興盛，這些水果名店開門的時間都大為提早，而且因應遊客年輕化，像是夏天的芒果冰都是暢銷……泰成也有因應，近年的「瓜瓜冰」，以半球的哈蜜瓜當是基底，中間的籽刨掉，裡面則堆起哈密瓜原

汁所冰凍成型的小球，也有香瓜冰球、芒果冰球，堆落成小丘，畫面壯觀。

我則鍾情於泰成的「茂谷原汁」，新鮮現榨，不加水，不加冰，也不添糖，完全原汁呈現，喝起來除了茂谷柑的橘香味，那鮮濃又香甜的口感，滑順間鼻腔也充滿昇華的力量，這是會讓人懷念的生命飲料。然而，這杯美好的原汁，最早卻是好友韓良露向我鼎力推薦的，如今良友已遠，我每次品此美味，總憶起她，稱它是「良露果汁」，緬懷這位美食家的身影。

—泰成水果店—
台南市中西區正興街80號
06—228—1794

—裕成水果店—
台南市中西區民生路一段122號
06—229—6196

—莉莉水果店—
台南市中西區府前路一段199號
06—213—7522

—阿田水果店—
台南市中西區民生路一段168號
06—228—5487

—冰鄉水果店—
台南市中西區民生路一段160號
06—223—4427

壽司仔。

第九堂 有街頭壽司小店，也有巷弄的壽司天堂

說說壽司，應該沒有質疑了。近年來，台南興起了握壽司的專門店，像是日本壽司之神小野次郎站在吧台後，同時只服務八人到十二人，空間不大，都要事先預約。坐下，開始上菜，一人一次一貫，濃淡有序，色香味如同整篇古典交響曲，四個樂章，從主題呢喃的奏鳴曲式、抒情的慢板、輕快的小步舞曲到快板終曲。

台南近海，有安平港，四百年吃魚的歷史傳

捲壽司的美味功力，看白飯的火候，也看煎蛋的味道

承，府城有許多人是先天的魚食老饕，這些從台北等外地來的壽司師傅，感受最深，必須以認真地以新鮮新奇的食材，與這個「愛吃魚的老城市」共舞。坐在府城的壽司吧，是豐富又精采的享受。讓人消魂難忘的「徹．江戶前壽司屋」，就是這樣的握壽司小店，這也是我的療癒美食。

壽司，非日本的原創美食，但，絕對是他們把它發揚光大。說說故事，東漢末年，也就是孔融讓梨的時候，中國已經開始流傳壽司「sushi」這種「醋飯食物」。李白出生時的唐朝，也是日本的奈良年代，崇拜大唐盛世的日本商人、學生、僧侶等，把這種包著一些好吃餡料的「醋飯」傳入了日本。當時的日本人，用一些醋醃製的食物，或是加上一些海產或肉類，壓成一小塊，整齊地排列在一個小木箱內，做為商旅的食糧，「押壽司」就是日本人對此食物的稱呼。之後，才有其他各式壽司的發展。

壽司的分類有好幾種，最普遍的「海苔捲壽司」，就是把飯和各式配料，以「海苔片」捲包起來。事實上，那是公元八〇〇年時，日本賭徒終日流連在賭場中，為了解決民生問題，而又怕飯粒黏著手指，影響玩興，有位賭徒發明了用海苔片將飯糰捲起來，因為方便不沾手，進而流行到普羅大眾。

屬於小吃等級的「惠比壽」，位於開山路，選用台東農會提供的池上米，甘甜綿密。「鮭魚卷」的新鮮鮭魚選用加拿大進口的，切片、醃漬兩個小時，經過炭烤，把魚香催發出來，然後再撕成碎片，捲製而成。「花卷壽司」捲有鰻魚、蝦、煎蛋條、瓢瓜、香菇、魚鬆等，捲成後，再分別滾沾蝦卵、海苔粉或是柴魚粉，內容一樣，外觀

呈現三個美麗的顏色。「稻荷壽司」就是豆腐皮壽司，軟嫩適口，講究的是「一口悶」，就是一次一大口，將齒頰間填得滿滿，唯其如此，飯香與豆香才能完全相融，不留一絲縫隙，那濃香的滋味無處可逃。

一惠比壽壽司店一
台南市中西區開山路 5 號
06—222—9991

大福。

第十堂
冬天的幸福滋味，在時間長河中溢漫芬芳

二〇一四年暑假結束前，我與女兒有七天東京、京都之旅。在東京時，總是算準時間到了銀座三越百貨的地下美食街，抵達時晚餐時間結束，卻是各個鋪子的折價開始。本來安靜幽雅的空間，這個時刻，所有的鋪子服務生都喊著哪個甜點折扣，哪個熟食有最低價，頓時現場沸沸揚揚，顧客腦袋左右搜尋的頻率一下子陡升。我總喜歡這種興奮的時刻，眼前的食物讓我血脈賁張。

冬風裡，台灣的有機草莓正是甜鮮多汁之際

除了生魚片，我總會買各家名店的「大福們」回飯店，一邊佐食，一邊觀看轉播中的野球比賽。

草莓，不是台灣原生種，昭和九年，一九三四年引進，試種在台北陽明山地區。因環境與氣候的適應問題，抗菌力又較差，產量有限，最後未能大量推廣，但是更顯草莓的珍貴。民國五十五年引進日本「福羽」品種；民國七十九年引進美國「愛利收」品種，繼續發展台灣的草莓種植。至於大湖則是以日本「春香」品種為主力，它具有早生果重、形大質優的特點，可在十月上旬定植，十二月就可採收，因而成為最受農友歡迎的品種。之後，品種也逐漸改良，清香碩大。目前苗栗大湖草莓栽種面積約五百多公頃，面積與產量約占全國八成。產地已經飽和，其他栽培區域逐漸擴大。草莓，也成了「冬天的幸福滋味」代表之一。

大福，真是幸福感十足的美食。紅豆，這時總是神奇地讓種美食更加綿糯好吃，而鑑別各家的精采度，往往紅豆顆粒咀嚼或是豆泥的滑舌，就是神品與上品的分野。府城忠義路二段的「福樂屋」有各式大福，他家的草莓大福內的紅豆泥，確實讓人神往。

紅豆泥做法，先用高壓鍋煮過，飽滿細膩，但是外皮絲毫未損，這時鍋內湯水剛好用畢。不起鍋，接著掀蓋，持續加火，改以大鏟開始翻炒，翻動之際豆皮磨破，部分豆沙擠出，但是紅豆水分逐漸收乾，之間加入日本的液態藻糖潤味，最後加入兩大桶濃郁煉乳，翻攪拌勻後，關火，完畢。以煉乳的清甜奶韻交揉熟透紅豆的特有豆香，這是絕配的經典蜜味，紅豆餡厚厚包住整顆鮮紅當季多汁草莓，外層再包覆上軟白薄薄的麻糬米皮，即是冬季才有的「草莓紅豆大福」。

日治後的食物，七十年來，已經與當年的口味，差異性漸漸拉大，麵食或是米食，卻依然在時間長河中有自己的溢漫芬芳。

一福樂屋麻糬一
台南市中西區忠義路二段113號
06－221－2727

枝仔冰。

第十一堂

百年來的消暑聖品，隨電氣化而發展大躍進

我有一張日治時期的老照片，背景是古色古香的台南孔廟建築群，恢弘大氣，可是這張照片的主角卻是正中央兩根掃興的電線桿，這是「台南有電了」的文宣明信片，為何？先考據南台灣「電」的發展歷史，日治時期先在高雄竹仔門山開鑿隧道，並將荖濃溪之全部水源轉移，截流至美濃地區，放流至竹仔門發電所。這個百年「竹仔門電廠」目前已列為國定古蹟（主體建築壯觀好看，發電機依然保存良好），位於高雄美濃區，荖濃溪與濁口溪匯合處下游約四公里處，它屬於

從延平郡王祠正對面的巷子進去，冰棒鋪子隱身其中

第一代「川流式水力發電廠」。

發電廠興建於一九〇八年，次年十一月二十日，優先供應興築打狗港（高雄港）所需的電力。一九一〇年一月，向台南舊城開始供電，四月供應打狗地區（高雄市區），十二月時供電地區增加安平舊聚落。前後兩年裡，高雄與台南「燈亮了」，台南高屏地區的新時代展開了，府城過了幾年後，開始有「枝仔冰」可以吃……這是美食的大躍進。

起初都是由日本株式會社製作販售。當時最佳銷售處，也是最高級娛樂休閒處，便是在戲院門口。在觀眾趁著入場的空檔時間，常有人背著冰桶叫賣，買一根枝仔冰則是最，最，最豪華的享受，令人豔羨。口味從純糖水演進到多種水果口味，因為都不添加香料，吃起來香軟均勻口感佳。光復後，生產方式由純人工進入半機械化，圓形竹籤的「枝仔」漸漸改為扁片形，冰棒造型由「長筒式」改成「長條式」，免於一口咬下，冰棒分崩離析，飲恨碎裂掉落地上。主要的是口味變得更豐富華麗了。

「芳苑」老店創始人蔡丁木，四十年前從手推車四處叫賣，到今天的開山路店面。「蛋黃腰果」枝仔冰，香脆腰果顆粒和鹹鴨蛋黃，略帶鹹味香氣，口感極佳。「杏仁蛋黃」則是以純天然杏仁為主味，鹹鴨蛋黃和牛奶提味。基本款：紅豆、花生、牛奶、芋頭、米糕……紮實的內容以鍋爐燉煮，再以傳統手工製作。「情人果冰棒」一定要介紹：每年土芒果尚未轉黃熟成前，「芒果青」便採擷下來醃漬，其鹹、酸、甜的口感傳神詮釋愛情的滋味，舔食這味有讓人驚豔到，厚工，值得。

另外一間冰棒名店「順天」，在延平郡王祠對街的巷子裡，完全遵照古法製造，有著一種質樸的美感。特色也是在於真材實料（濃稠度更高），精選的花生，炒時更需求火候，再碾碎。紅豆，小火慢燉，加入白砂糖，再適量加入紐西蘭的牛奶……接著是芋頭冰，綠豆冰和米糕（詳見學分一米糕冰棒一文）並列前五名，其他的雞蛋牛奶、可可牛奶、檸檬和李鹹……也是美味不凡，辨識度高。

南台灣的盛夏，夏蟬依然長鳴，已經提供百年消暑的「枝仔冰」，也依然綿延。

—開山順天冰棒店—

台南市中西區開山路151巷7之1號

06—213—5685

—芳苑冰棒店—

台南市中西區開山路6號

06—227—2047

揚物。

第十二堂
吃麵配炸物，府城道地的美食選擇

日本料理中「油炸類」為什麼要叫「揚物」？「揚」あげ 就是炸的意思，「物」もの 就是東西。「揚物」あげもの 就是「炸物」，泛指油炸類的菜餚。

台灣傳統食物烹煮方式之中，本來普遍就有「炸」的料理，像是蝦捲就很傳統。關於「炸」，就是用食用油把食物加溫熟透，因為油溫比沸水更高，所以可以縮短烹調時間，又能以麵衣封住

一大早，店家一直炸出不同美味的揚物，多樣而富變化

食物本味於其中，使得食物外表酥脆，內在卻鮮香軟嫩。

日本飲食文化在日治時期，廣為台灣人接受與喜歡，即使到了今天，「和食」文化依然占有一席之地。日本料理品種主要按照烹調方法來分類，主要分為前菜、煮物、蒸物、揚物、燒物、鍋物、吸物、麵條、米飯等。

比較需要說明的是前菜（日語稱「先付」）：即是冷盤，可細分為酢物、漬物、沙拉等。煮物：用燉煮或紅燒方式烹調的菜餚。蒸物：指以清蒸方式烹調的菜餚。鍋物：即火鍋。吸物：即湯，主要功能是在嚐另一道菜前先清除前一道菜的味道，所以味道較清淡。

鴨母寮市場旁的小巷「裕民街」一號，知名老店泉成點心店，顧客多是來市場的婆婆媽媽，店面不寬，一邊是豐富的各色炸物，另一邊則是麵攤油湯。泉成第一代老闆美泉，在日治時期，於日本料理店當學徒，跟著日籍老師傅，學會了日式天婦羅、野菜蔬……等炸物的技巧。光復後自己開業，以中筋麵粉、蛋黃、酥粉調製出傳統炸粉，提供種種菜色炸物，七十年來三代相傳，在鴨母寮市場一隅，名聲遠播台南舊城，屬於府城隱藏版美食小店。

一般的麵店都是吃麵配豆干海帶滷菜，但「泉成」則是吃麵配炸物。有河粉、米粉，至於麵條則有粗、細兩種可選，湯色口味偏淡，這是店家刻意的，以免濃烈醬汁搶了炸物的食物鮮甜本味。食客可挑選的招牌炸物不少：炸花枝、炸四季豆、炸紅蘿蔔、炸黑輪、炸豬排、炸魚片、炸蝦仁……等。我去則點了湯河粉，再佐食剛剛炸出的揚物，鮮腴好味。

一泉成點心店一

台南市北區裕民街1號（鴨母寮市場內）

06－227－1090

涼菜燕。

第十三堂

冰冰涼涼不膩甜，
咬下在齒間迸裂成碎塊

沒錯，就是洋菜做出來的果凍囉，這個小吃也有名店？

所謂「菜燕」，有人稱之石花凍或洋菜凍，形狀呈膠塊狀，加了糖則成了甜品，與愛玉形狀類似，口感卻更彈牙，是夏天消暑小食之一。我的經驗：小時候家母會製作菜燕給我們解饞，先把洋菜細條泡水泡軟，再跟砂糖水一起煮到都完全融化，倒進模型放涼後，再進冰箱冷藏等待凝結，即能享用。

鐵盤上，滿滿盛著斜切成菱形的菜燕，有冬瓜茶香氣

菜燕「在嘴裡跳動，脆度讓人很難忘」，有特殊的懷舊風味。日本許多的甜點和菓子就運用了許多的洋菜，像是羊羹。到了台南，發現多是冬瓜茶的甜味取代了糖水，味道更醇香，也更好吃。

菜燕是從海藻類植物中提取的膠質。一六八五年，由日本美濃屋的太郎左衛門提取出來，做為魚膠的代用品，常被用於沙拉、大菜糕或果凍等甜品。洋菜是由紅褐藻類提煉而來，生洋菜是白色半透明的，現代人給它一個感覺可以減肥的厲害稱呼，稱謂「寒天」，那是因為紅褐藻類多在冬天的十二月到二月（寒冷的天氣）採收。

府城人熟悉的「涼菜燕」，厚度約三公分，切成菱形，中南部販售的都是這個樣子；冰冰涼涼，不膩甜，咬下，菜燕在齒間迸裂成碎塊，冬瓜茶的優雅香氣也在口腔中散開，不會有飽足感，因為入胃後即化為糖水，倒是滿足了食慾。如果早上你去了台南傳統市場、走逛，多會看到不等的攤位，他們賣著黑糖味、冬瓜糖味的菜燕。這是很庶民的小吃，普遍。

國華街三段與民族路口，台南小吃一軍集結處，早上到下午兩點有一推車阿伯，他是第二代（偶見第三代上場），從一九五七年起，攤車玻璃櫥窗的古早味，六十年來是老府城的記憶：涼菜燕、甜芋粿、綠豆粿、豆薯、麻糬。他家的小點心，是我的關注的美食，涼菜燕是我消暑的散步甜食。

國華街三段與中正路口，早上也有一流動小推車，賣著傳統台式甜點，褐色是晶瑩冬瓜菜燕、白的是杏仁凍、透黃的是愛玉凍；另外不透黃的則是「鹼仔粿」，以地瓜粉沖滾水攪拌，黃梔子染色，再炊蒸一陣，冷卻後不規則地切成小塊小塊，加上濃稠糖汁，即可食用。這種古早「粉粿」，雖是小攤車，卻有著老店身手。

一阿華粿鋪一
台南市中西區郡西路35號（保安市場二樓）

學分十一——這個茶那個茶，都不是茶

這個標題，我下得很得意，自我感受良好。每次的美食講座，當講到「米漿與杏仁茶」時，我總說：正確的稱呼是「花生米漿與杏仁米漿」，杏仁茶不是「茶」，此話一出，總有聽眾驚訝的眼神回報，帶有狐疑又恍然的表情。我再說青草茶不是茶，冬瓜茶不是茶，麥茶也不是茶……那它們怎麼都稱「茶」？

先民或是古人其實有許多想法與觀點，跟我們不同，對於「字眼」也是有他們自己的哲學與習慣。比方說府城的西門路以西有一片區域稱之「五條港」文化園區，說的是過去兩百多年前，這裡有「五條人工運河橫亙於這個區域」，「運河」與「港」有何關係？運河就是走在城市的「水巷」，而水巷兩個字就是「港」字，所以「五條港」就是「五條水巷」。搞懂了吧。

「茶」字，不侷限是由茶葉所沖泡的茶水，而是「飲料」，重點是這個飲料裡不能有其他顆粒狀的添加物。所以，杏仁茶是「茶」，青草茶是「茶」，冬瓜茶是「茶」，麥茶也是「茶」……珍珠奶茶就不是「茶」了，那該取什麼名字？紅茶珍珠奶湯？但是，先民後來就不管有料無料，龍眼乾茶、桂圓紅棗茶、肉骨茶等等，也都稱之「茶」了。本來說清楚了，現在又混淆了。

現在市場上多了牛蒡茶，強調可養身、可瘦身。新鮮牛蒡不削皮，切斜薄片，二三小時曬乾。之後，用平底鍋或砂鍋乾煎（不放油）。文火乾煎，不斷翻炒到整片牛蒡呈焦茶色為止，所需時間約十五分鐘。冷卻後，牛蒡薄片放在手中搓揉時，呈粉末狀後，就完成了。再以泡茶方式飲用。

龍眼花茶，四月早花，先是人工採收，在龍眼樹下鋪上細網，再以竹棒敲下龍眼花，不落土，收集後立刻日曬，著手製茶。新煮一壺開水，沖泡龍眼花茶，擱上片刻等著出味，第一口滿溢花香，第二口滋味郁香。這是美味與養生的茶湯。

白蓮霧茶，晨間摘葉（葉子不能太嫩也不能太老），果葉採集後每隔一小時翻曬，讓其均勻受熱脫水，之後添加有七葉膽之稱的絞股藍，和甘草等等添加味，再以特殊方式一起烘焙，攪碎成細片，製成茶包，方便飲用。茶水淺琥珀色，風韻清香，隱隱有蓮霧特有的淡淡美香，帶有幽微的蘋果味，入喉回甘。這是愛喝茶的民族，旅居無茶之地的巧思。

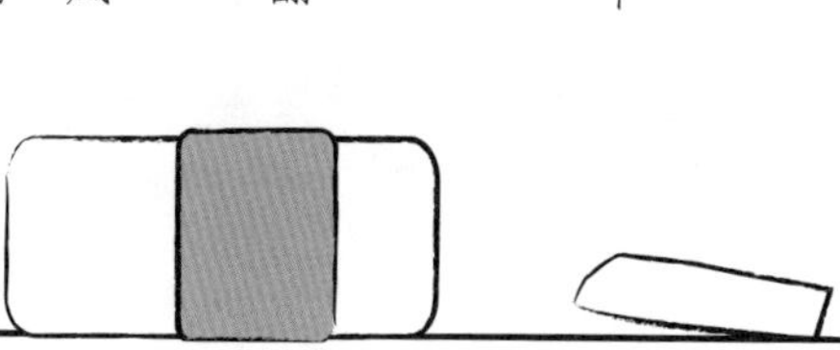

青草茶。

第一堂
先民的建康飲料與盛夏沁涼小確幸

青草茶在別的地方有稱「涼茶」，這是古人的草藥智慧，在南方多雨多溽熱，因此多瘴氣，於是福建、廣東、廣西等地會取集多種藥草組合熬煮的飲料，藥草都是不俱毒性，而且藥效溫和。藥性寒涼，多能清肝清火、消暑消炎、解鬱解熱的「百草茶」，因此稱其「涼茶」，台灣各地則多稱為青草茶。目前各地依然能傳承（包含東南亞華人），並非念舊，而是因為它具獨特的價值，有保健功能甚至有治病功效。有些帶有強烈苦

一杯杯沁涼的青草茶，是先人智慧在現代的最佳體現與傳承

味的涼茶被稱之「苦茶」，我喝過，印象強烈而深刻。

府城是守舊的城市，這種青草茶的老茶鋪當然還是存在，而且依然發達，進了茶鋪門，店內周遭大量儲放的新鮮或乾燥的各種藥草，香氣薰然，太有說服力了。這些茶鋪大多位於中西區，以五條港中心的水仙宮周遭最為密集，小西腳則次之。

「原水仙宮青草茶」，位於在國華街、民族路口的三角窗，永樂市場樓下，富盛號碗粿對面。創店第一代叫杜馬阿公，以前是開藥草店的，絕技是捕捉蟾蜍，然後再宰殺取皮上的黏液來治療帶狀皰疹（又稱皮蛇）的病人，店家的「蟾蜍為記」商標，上面有隻蹲坐的蟾蜍，即是家徽，也象徵正店標記「杜馬六十年的店」。第二代的女兒杜明月（已經是阿嬤），接手後則專心經營藥草店及賣青草茶。台南還有幾間招牌「水仙宮青草店」，他們以前都是杜馬阿公店內的員工。

老店的飲料，分為青草茶及苦茶兩種，一般人都明白這是天然的飲料，有著前人的草藥智慧，為各種溫潤小喬木葉子與草葉熬煮而成。我的觀察有以赤查某、黃花仔草，薄荷和桑椹葉等十幾種青草樹葉（許多問了就忘了的名字），祖傳比例入鍋，在水煮沸前夕才放入，待其呈現近似綠豆湯的色澤即可，關火後才加入純糖攪拌調味。這杯青草茶老實說「草味」滿重，清涼解渴，提神降火。

—水仙宮青草茶—
台南市中西區國華街三段183號
06—225—8349

—小西腳青草茶—
台南市中西區西門路763號
06—228—1839

—下大道青草茶—
台南市中西區西門路一段775號
06—223—4260

—友愛青草茶—
台南市中西區永福路二段和友愛街口
06—226—2984

蓮藕茶。

第二堂
煮成美美的粉紅色，甘甜中清香入鼻

白河，種植大量的荷花，夏風薰然，荷葉田田，成了台灣著名的觀光小鎮。這些種植荷花的農夫當然不是為了觀光客們才種植的。荷葉亭亭如蓋、鮮香碧綠的畫面……這是「觀光副產品」。其實，荷農們辛苦了一季夏天，等待秋風，終於可以收成蓮子、蓮藕等等作物……這才是他們所殷盼的。

立秋過後，又是蓮藕上市時，藕肉易於消化，適宜老少滋補。它的營養價值也已被歷代食物養

白河的蓮農，每天提供新鮮蓮藕根部尾段，長短不拘

生醫生們所推崇。蓮藕味甘，富含澱粉、蛋白質、維生素C和B1，以及鈣、磷、鐵等礦物質。所以李時珍說：「蓮藕生食，能清熱潤肺，涼血行淤。蓮藕熟吃：可健脾開胃，止瀉固精。」至於我們到市場如何挑選？挑較粗短的藕節，成熟度足，口感較佳。外形飽滿，不要選擇外型凹凸不完整的蓮藕。帶有濕泥的蓮藕較好保存，可置於陰涼處約一個星期。根據《本草綱目》：「夫藕生於卑汙，而潔白自若生於嫩而發為莖、葉、花、實，又復生芽，以續生生之脈。四時可食，令人心歡，可謂靈根矣。」李時珍稱讚它為「靈根」。

「靈根」用來炒菜、煮湯的蓮藕稱之「菜藕」。菜藕色澤較深，澱粉質高口感鬆軟，適合煮蓮藕排骨湯，是餐桌上的美味。菜藕在台灣有兩大產區，一在嘉義民雄，另一在桃園觀音。白河呢？白河生產的多是「粉藕」，用來製成藕粉，也有菜藕（量少）。然而，蓮藕末段瘦細部分，賣相差，先民物盡其用，將其熬煮成「蓮藕茶」。

關於蓮藕茶，我想說說「小西腳青草茶」茶鋪。老茶鋪創立於一九一七年，由第一代蔡丁福所創，當年他向從唐山來的師傅學會煮青草茶後，就在當時的小西門旁的「小西腳」擺攤，由於他煮出來的青草茶順口又退火，墨綠的顏色，則是加了十多種青草熬製而成，滋味滑喉，很快就賣出口碑。蔡丁福把青草茶的祕方傳承給兒子蔡勝雄，現在再傳到第三代手上，仍堅持每天現煮現賣。

令人讚歎的蓮藕茶，是使用白河新鮮「菜藕末根」熬煮，以石臼攪碎蓮藕段，水煮沸前放入。

新鮮的蓮藕碎塊熬煮二十分鐘，即可煉出蓮藕香味。而鍋中刻意殘留的舊蓮藕渣，那是智慧，雖然無味，卻可以煮出美美的粉紅色（讓湯汁上色）。我喜歡現場持著玻璃杯斟滿（才十元而已），站在店口一飲而盡，沁涼入胃。齒間有淡淡蓮藕香味和蜜甜回韻，甘甜中清香入鼻。這是很優雅的古早味，也是盛夏的暢然！

一小西腳青草茶一

台南市中西區西門路763號

06－228－1839

杏仁茶。

第三堂
營養豐富之外，馨香微妙的美食滿足

十幾年前，我曾與一位七旬的小吃耆老聊天，當時他說他是廣東汕頭移民第二代，父親百年前跨海移民到府城時，做起了湯水生意以糊口，先是「首賣台灣第一杯」杏仁茶。那席話讓我印象深刻，我記得曾問他這個杏仁茶的「茶」，是基於何種原因命名？它是「茶」？我得到答案！

所謂杏仁茶，是杏仁與新米分別磨成漿，加糖，一起熬煮成濃稠狀飲料。杏仁茶其實應該稱之杏仁「漿」才是合乎文學用語，也符合歷史上

比小指的指甲尺寸略小的「南杏」，洗淨等待磨成漿水

美食的使用習慣。古人所謂「漿」已經是日常飲料了，春秋戰國時期就有米漿專賣店。成語「引車賣漿」，兩件事組成一個用法。「引車」指魏無忌公子屈尊為侯嬴駕車之事。「賣漿」指魏公子仰慕的另一位高士薛公，他藏於賣漿者家之事。到了漢朝，除了水米汁的「漿」之外，開始有其他解釋，那就是「酢漿」，就是醋，有酸味的液汁。

因為第一碗有杏仁味的米漿取名為「杏仁茶」而非「杏仁米漿」，從此「茶」的稱呼大家耳熟能詳，也是許多人所喜歡，但許多人也被「茶」的思想慣性所矇，搞不清它竟然是「米漿」煮成的。然而，製作花生米漿或是杏仁米漿，共同食材都是「在來米」，秈稻品種。春秋戰國年代的米漿，非常單純，就是煮稀飯米粒尚未完全糜爛前，飯水已經濃稠了，稱之米漿。記得我母親說太平洋戰爭前後，物資極端缺乏，如果嬰孩沒有足夠母奶，當時絕不可能有牛奶代替，就取這種純粹米漿當是嬰兒代食品。

台南杏仁茶名家「李家」在公園路，靠近民生綠園處，一大早到十點左右，早餐賣完即收攤，我們另外闢文說說他們家精采的花生米漿（詳見上冊學分二米漿一文）。

府城還有幾處賣著杏仁茶，但是多是出現在冬風初起之際，杏仁茶在府城算是「冬日限定」美食。寒風裡的米糕粥暖胃、杏仁茶暖肺，臘月裡的臘八粥暖心，這是府城美食的境界。想想，冬夜回家前，買幾碗熱騰騰杏仁茶，吩咐老闆特地加個蛋，土雞蛋的蛋黃可提味，提著它回家與家人分享，馨香，情重。在保安路的「阿卿」則是我的第一選擇，加了蛋黃的杏仁茶，再來一根油條，插入熱漿吸足了汁液，入口，油條尚未完全軟化，仍有酥脆口感，熱熱的杏仁漿汁從油條中迸出溢流，幸福啊！

｜阿卿傳統飲品・冰品｜

台南市中西區保安路82號

06－226－2799

｜老李早餐店｜

台南市中西區公園路12號

06－224－4720

冬瓜茶。

第四堂
府城先民首創，古早味蜜甜濃郁誘人

冬瓜茶真是個神奇的東西！與青草茶、甘蔗汁堪稱台灣三大古早冰飲。厲害的是它是台南原創的飲料，起源於懂得美食是一，盛產蔗糖是二。來說說它的小故事吧：冬瓜茶原創於同治年間，約是一百四十多年前，在安平與西港之間濱海地區的瓜農，有時天候風調雨順，當年冬瓜收穫豐富，卻有了生產過剩煩惱，為了延長冬瓜的置放期，無意間發明出來的。

最早的防腐做法是以石灰覆蓋新鮮的冬瓜，

長時間後竟然沒有餿壞，倒是瓜肉有硬化現象，還是堪吃，只是不如新鮮的多汁甜美。切塊煮了甜湯，味道異常香醇馥郁，另有一番冬瓜清湛境界。後來一位叫廖毛的師傅，將此老冬瓜削皮、去籽、切條塊，下鍋與糖熬煮攪動。他細細反覆研究，製作冬瓜糖。製程裡，有一道將冬瓜切成條狀，置入食用石灰水中浸泡一到兩天，這是先把冬瓜去腥的程序，然後再以清水洗滌。熬煮過程中加進多少糖量，就可以決定結果是「冬瓜露」或是「冬瓜糖」。冬瓜露大約七十六度，那是糖開始要結晶的臨界點，冬瓜糖則到了九十八度。累積了許多心得，整理了熬冬瓜茶的製作工序，再傳承給一些後輩。台灣終於有此甜趣又好喝的冷飲了。

府城有許多冬瓜茶老店，其中「義豐冬瓜工廠」最富盛名，創業於一九一二年，民國元年，十年前我曾訪問第三代林嵩山，當年他已八十幾歲，採訪過程依然印象深刻，尤其是冬瓜茶的副產品「冬瓜糖」：先把冬瓜去皮切成條狀後浸泡在食用石灰裡殺菌一天，再清洗，放入大桶煮沸，撈起浸入冷水中，反覆三次，再以糖水浸泡一天一夜，第三天再加糖與水，鍋底下燒著柴火，文火熬煮四個小時，其中要手持長型攪拌棍適時翻攪，直到水分蒸乾化為冬瓜糖。這樣前後三天，才製得香郁的金黃色「冬瓜糖」。阿公退役，近年義豐生意依然火熱，然而，品質下降中，可惜！

倒是當年廖毛師傳的傳人之一張福裕，是「進來涼」的創始者。一些轉折後，後人重新開張，稱之「兩角銀進來涼」後，經過研發，改用中藥材浸泡，雖然時間上比較費日曠時，但是殺青去腥後，香氣更濃郁誘人。尤其茶鋪座落在大天后宮老廟廣場旁，更添古早味風韻。

至於，位於府城北忠街的「盧記」，光緒年間，曾是府城麥芽糖最大工廠的永順發。傳承至今四代，子孫自創「盧記」主推古法釀製冬瓜蜜。這是我的美食私房老店（送灶神與糯米已介紹）。二〇一四年，台南市文化局與 flying V群眾募資平台主辦「台南老店．創意愛現」活動，盧記是四個入圍者之一，期待透過新時代的募款計畫，完成老店歷久彌新的夢想。

—盧記古釀茶鋪—
台南市北區北忠街138號
06—228—4622

—進來涼冬瓜茶（大天后宮）—
台南市中西區永福路二段227巷51號
06—221—6818

—進來涼冬瓜茶（望月橋前）—
台南市安平區安平路366號
06—250—3699

麵茶。

第五堂

有著烤餅香與芝麻風味炒出來的古早味

麵茶是農村社會時很常吃的點心，簡單，用熱水沖泡就能即食，也曾是許多媽媽泡成糊狀給小嬰兒當副食品，早期算是窮人家的奶粉。不僅小孩喜歡，它曾是夜裡正熬夜學子的露天深夜食堂。想像畫面：一條陋巷，路燈昏黃，夜深人靜，總是固定傳來陣陣「逼……」的長音，那是水燒開了後的水壺汽笛聲，一位賣麵茶的老人家會推著攤車，人們總稱呼他是「麵茶伯」，緩緩前進，這時正餓著的學生多會紛紛拿著自己刷牙的大鋼杯

白皙的麵粉，在烤箱烘焙漸成酥黃，需要不時取出翻炒

來到小攤前。寂靜的小巷頓時熱鬧了起來……那是三十年前的畫面，很歷史。

許多省分地方多有他們特有的食材與口味。我來說說台灣阿嬤的味道：阿嬤拿著鍋鏟在大鐵鍋炒麵茶……以豬油熱鍋，白色的中筋麵粉在時間與慢火翻炒下漸漸變了顏色，而且也飄散出香氣。當顏色成了黃褐色之際，這時可以加入已經是先炒香過的芝麻，酌量加入砂糖，炒均勻後即可。

以熱騰騰開水沖泡時，自己根據濃稠或是淡稀，水量可以很有彈性控制，一邊沖水一邊以湯匙調勻。寒冬，尤其夜裡來一杯濃濃古早味熱麵茶，你覺得如何？

可惜現代生活場景，已經沒有麵茶伯在深夜

推著小攤車。不過，這個古早味倒是有些地方可以買得到，曾經在水仙宮市場看過它的蹤跡。但是，對於美食，我還是推薦「舊來發餅鋪」的麵茶，六代相傳的老餅鋪，想想這種阿嬤的昔日味道，多了品質自我期許。我去採訪拍照，始知製作上細微的辛苦之處，一碗熱騰騰的古早味竟是如此厚工。即便辛苦費時，我還是強烈要求店家，不能停止供應，繼續造福人群。

於是請鎖定老店的臉書，冬風起：「冬季限定麵茶粉，獨家限量二十包，今年只有做這一次，熱賣中！」容我再補述：有著烤餅香與芝麻風味炒出來的麵茶粉，要經過多次篩選，擀平，如此重複著相同的動作，就是為了要讓因為烘焙過程中堅固的麵粉鬆開來，經過這樣一次次的重複碾平，麵茶粉才能變成粉末狀，這才是極品。一年只賣一次！

你也可以前往普濟街採買，地點在水仙宮的紛擾市場裡，清代時期的老街，狹小擁擠，更顯古早情懷。以低筋麵粉文火炒出到「出色」火候剛好，用滾沸的開水沖泡，酌量加些糖，這是前人簡單的吃法。你也可以再加上一些熬煮軟爛的小紅豆（藏在麵茶底部），表面撒上白芝麻，更顯豐富好看。中秋天涼後開始販賣，直到天氣開始轉熱止。

—舊來發餅鋪—

台南市區自強街15號

06－225－8663

龍眼乾茶。

第六堂
手工古法烘焙，
讓時間來蘊出清甜美味

我們來看一篇華人健康網的資訊：「氣血虛致失眠，來喝龍眼乾茶補氣」，內文說著：「許多女性有失眠困擾，常出現晚上睡不著、白天精神不濟的情況，不想天天睡不好，老是掛著熊貓眼嗎？中醫師指出，許多女性因為氣血虛弱，便出現失眠症狀，還可能會頭暈、時常疲倦，此時會以內服中藥佐以針灸治療，平時日常保健，則建議可喝龍眼乾茶補氣。」

龍眼乾茶不僅好喝，也可補氣，更可補腦。

剛煙薰剝殼的龍眼乾，蘊有桂花香氣的新鮮清甜美味

我們來認識桂圓（就是龍眼乾），台南是桂圓生產重鎮，占台灣六成。桂圓烘焙法，分機器乾燥與人工煙薰烘焙五天四夜兩種，如果是人工製成的部分，台南占有九成，這是可觀且值得尊敬的數據。為何要如此費工？

美食不僅是酸甜苦辣鹹五味，有時還有第六味——「時間」，在慢慢烘焙之中，微熱的煙薰之間，龍眼殼裡的果肉水分正在減少，而果肉的糖分正悄悄地由雙糖轉換為葡萄糖，這是更具有糖香好吃的單糖。大自然的神奇，要給他時間，辛苦地翻動讓它們均勻受熱是必要的。這就是為什麼機器熱焙的龍眼乾甜味，死甜，會膩。而辛勤地、耐心地手工古法烘焙，則蘊有桂花香氣的清甜美味，這就是古人稱龍眼乾為「桂圓」的祕密原因。

將桂圓、紅棗加水煮開，享受「時間」之味

台南東山，兩百多年的手工煙燻烘焙龍眼乾，果農們依然在中秋前後忙碌，以五天四夜的低溫窯，守候它從果子裡的湯汁收斂成美味的葡萄糖，宜人，也更美味。

我們來說說桂圓紅棗茶吧！紅棗又稱大棗，味甘性溫，可以養血安神、照顧脾胃。桂圓功效已經說過。紅糖味甘性溫，中醫認為紅糖有健脾暖胃、活血化瘀的功效。做法簡單：先將桂圓、紅棗加水煮開二十分鐘，加糖攪勻融化即可。濃淡可以自己依口味加減，當茶飲用。

在府城，美食的講究不是神話，而是在生活裡。

古早味紅茶。

第七堂
甘醇潤口，
府城敦厚的人文氣息老味道

這個茶飲，是真的「茶」了。我們還是來說說古早茶，台灣第一杯手搖紅茶。

茶葉品質好壞，除了茶質良莠之外，烘焙的技術是另一個關鍵，台灣茶部分可依製造方法與發酵程度的不同，區分「不發酵茶」如龍井、綠茶，完全不發酵就殺青烘乾而成。「部分發酵茶」如包種茶、鐵觀音，輕微發酵。「完全發酵茶」如紅茶，茶葉完全發酵後會變成紅色，再烘乾製成。而烏龍茶則是茶葉經半酵，葉緣轉紅

從中正路走入小巷，這是府城人熟悉的入魂紅茶攤

即殺青烘乾。兩百年來，以紅茶行銷全世界，最是赫赫有名。新竹關西、南投魚池等地是台灣紅茶重要產地。

這二十年來，台灣的大街小巷都在風靡泡沫紅茶、珍珠奶茶。身處在台南中正路巷子裡的老店「雙全紅茶」，可以說是「紅茶聖地」了。第二代傳人許天旺沖泡紅茶的手藝，原是承自一位曾赴日研究調酒、調茶技巧的張蕃薯，張蕃薯於一九四九年，就在現址的巷口擺紅茶攤，賣起全台首見以調酒用的Shaker杯沖調的泡沫紅茶。到了一九八〇年，因為年紀大了，傳藝給許天旺，店面也從巷子口遷移到巷子內，窄窄的小巷。可是，台南的老饕都知道，這種閉著眼睛輕啜一口，就知道「這是台南老味道！」辨識度太高了，真是令人回味無窮的香醇記憶。

「雙全」的紅茶完全遵古法泡製，和現在外邊那些泡沫紅茶攤是很不一樣的，像時下一些店家，都是將滾燙的茶汁，直接加上冰塊急冷，這種冷熱急速轉變，古時中醫稱做「陰陽水」的飲料，對人體的腎臟會造成負擔，是多喝無益的。

選用的茶葉是日治時期，就已經頗富盛名的「仙女牌」紅茶，台灣農林廳出品的阿薩姆品種。這是依古法烘焙的上等茶葉，沖泡時，依產茶的季節再拿捏沖泡的時間長短，靠的完全是經驗，泡太久了，茶湯顯得澀，時間不足，茶香味又出不來。

糖水，也是好喝的重要條件，「雙全」用古法熬煮，以文火加熱喚醒蔗糖香，不是一般坊間現在使用的果糖可比擬項背。澄澈動人的琥珀色，入口，柔細的泡沫、些許的碎冰、滿口的茶香洋溢，味道香郁的紅茶甘醇潤口。「雙全」的紅茶著重於沖泡，不是搖茶。這種濃郁芳香又不會流於膩甜的泡沫紅茶，代表的就是府城敦厚的人文氣息：悠然古典。無糖，少糖，半糖，全糖，少冰，去冰……雙全也與時俱進。

一雙全紅茶店一

台南市中西區中正路131巷2號

06－228－8431

台灣第一家手搖紅茶小攤就在巷子裡，撐起一頁傳奇

學分十二──甜點，喜新戀舊的幸福味道

台南美食都偏甜？是的。福州菜偏甜有，點近乎無錫，其實蘇州菜、杭州菜也是。愛吃甜的城市都有些共通性，台南與福州的美食淵源緊密得很，福州菜甜得神出鬼沒，這點，台南美食有連結到了。自從鄭成功來了後，台南的料理便與福州菜若即若離，明的，自立門派自成一格；暗的，一脈相傳有跡可循。

話說，福州菜偏甜始於元朝，元朝由於東西文化交流，使得福州在製糖方面具備了世界一流的工藝水準，福州一帶成了蔗糖的重要產區。到了明朝，糖業更擴大到福建整個地區。明鄭時期之前，台灣的漢文化已經隨著糖業先到了台南，話說荷蘭人在台南發展糖業，當時所倚賴的製糖人力、技術，甚至水牛、黃牛都來自福建。這也說明了，當鄭成功來台南後，糖業的發展是無縫接軌。而台南小吃更多了福州菜料理的基因，偏甜，愛吃甜，也成了這座舊城人們驕傲的地方之一了。當然，偏甜也是富饒城市的共通性，那也是文化的一部分。甜點，對於這

座食物偏甜的舊城，話題聚焦於此，當可理解那是繽紛無比的另一個世界。

描述一個簡單場景：或許你曾經在一個路口或是騎樓下，看到賣古早味雞蛋糕的小販，就是一輛腳踏車，後座擺著小櫃子，裡面置放著剛烘焙出爐的圓球狀的小蛋糕，大小像小雞蛋，香撲撲的，從旁邊路過的人不多看它一眼都不行，這時口水還不自覺地多吞了幾口。還在火爐上雞蛋形的鐵盤，早就已經香氣四溢了，烤好，看著老闆用小鐵叉翻動著，圓滾滾的雞蛋糕已經「爆香」到不行。

當然，這樣的小販有的規模略大，已經不是一輛腳踏車了，而是一個「小推車」，設備大致一樣，有個烤爐和不同模型的烤盤，造型最普遍的就是雞蛋形，不過一些遊樂場所，Hello Kitty 造型的也開始流行了。這樣的街頭雞蛋糕攤，算是台灣蛋糕美食演進史的第三期了。想想，這樣一個古早味的雞蛋糕，近年的「府城文藝復興」已經進化到專賣店，隨時都大排長龍，到底發生了什麼事？

府城街頭的甜點種類許多，它們隨時都在誘惑著我們，也撫慰著我們疲憊的心靈。關於府城的甜點，除了美食味道的理解之外，它背後的文化現象也是重點。

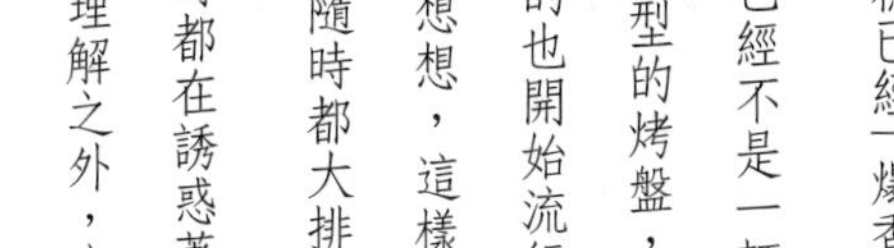

手工古早味雞蛋糕。

第一堂

手抓一把塞入口中，美好記憶全部湧現

台灣開始流行吃蛋糕，應該始於剛剛光復後，因為當時有許多駐台美軍，他們有優勢的各式大量食材，同時他們將美國人家居美食烘焙蛋糕的製作方法引進台灣。這個時期，西式美食也初步進入台灣，許多台灣人開始有了西式美食的初體驗。而初期的蛋糕素材其實非常簡單，就是新鮮雞蛋、奶粉、低筋麵粉、沙拉油和白糖，雖然陽春，但是烘焙後純粹的雞蛋香、牛奶香卻是經典的，而且難忘的，當時這個味道第一次出現在台灣這塊土地上。所以，如果家中有上了年紀的阿公、阿嬤，

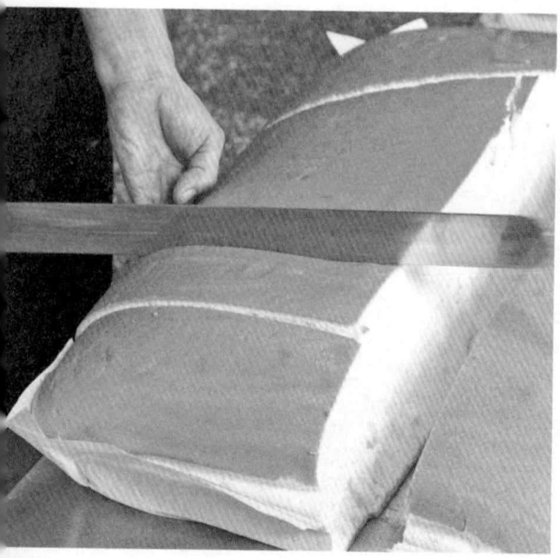

因為有大量的雞蛋所以稱之「蛋糕」，出爐時蛋香轟然

再讓他們重新嚐到童年時魂縈夢迴的古早味雞蛋糕，你可以看到他們閃淚的眼神與歡愉的嘴角呢，所有美好的回憶全部湧上。

在台南百年「東市場」菜市仔口的阿美，本來以魯麵和手工鳳梨酥聞名府城，我在《慢食府城》也撰文介紹了阿美的鳳梨酥，結果引來了國稅局的關切。近年，阿美又以「古早味雞蛋糕」闖出第三號明星美食，而且青出於藍。也造成府城一些店家的仿效，其中也富盛名的民生路二段「名東蛋糕」，常見排隊長龍。

阿美的雞蛋糕尺寸，大約長八十公分寬五十公分（目測），厚度達九公分，像個大枕頭，很壯觀！比起街頭上的小雞蛋糕，真是天壤之別。這種蛋糕最過癮的吃法，就是用手抓直接入口，非常豪邁，很像以前江湖好漢大碗喝酒大口吃肉的恣意人生，大拇指、食指和中指掰開蛋香濃郁，黃橙橙又綿密厚實的蛋糕，拈取一大塊，略仰著頭，往嘴吧放。哎呀！這就是幸福！

阿美一大張的蛋糕食材，好吃的關鍵，就是單純的六十多顆新鮮雞蛋和紐西蘭進口的奶粉。製作過程：首先蛋黃與蛋白分離，以機器順時鐘打發蛋白，細泡內有充分的空氣，成棉花狀，之後加入白糖；蛋黃汁倒入些許沙拉油、水、酌量的低筋麵粉和大量的好奶粉，一樣要攪拌成濃稠糊狀；再將兩者混合均勻，倒入鋪好紙張的焗盤，烤爐要預熱好，前後烘焙焗烤時間長達八十分鐘，這個超長時間火候溫度的控制非常重要，從蛋糕外皮酥黃內層收細都是學問。

目前，阿美已經有雞蛋糕二・〇版，有更多口味，其中叫做「瓦納」者，就是原先的雞蛋糕烤畢後，翻面，冷卻，再放入冰箱冷藏小陣子，上層表面塗上乳泥醬，最後再放入烤箱，中溫回鍋三十分鐘，外皮糖衣有些焦暗，味道卻是醇厚猛香，乳韻悠揚。

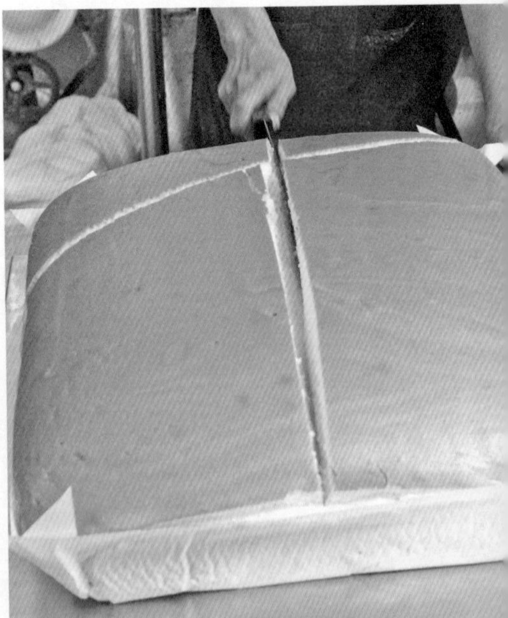

‧‧‧‧‧‧‧‧‧‧‧‧‧‧‧‧‧‧‧‧‧‧‧‧‧‧‧‧‧‧

—阿美鳳梨酥鋪—

台南市中西區民權路三段71號（水仙宮市場旁）

台南市中西區民權路一段88號（東菜市口）

06—226—9102

義大利冰淇淋。

第二堂 口味清爽無負擔，綿密華麗的天堂滋味

常聽剛從義大利旅遊回來的親友，總讚美那裡建築與田園之美，加上那邊的浪漫多情的男子，面貌英挺長得都像米開朗基羅的大衛雕像。當然，還有冰淇淋——義大利冰淇淋，很少人能擋得住那種香濃的誘惑。請注意，不是一般人熟悉的美式的Häagen-Dazs，或是奶味非常的濃的日本冰淇淋，這是義大利冰淇淋！

基本上，義大利冰淇淋的脂肪大約占百分之五，美式的高達百分之十五以上；義大利冰淇淋的含空氣比為百分之三十五。但是，美式的高達百分之九十。所以，兩者口感差異甚大。因為美式高脂高空氣含量，比較不易融化。至於，義大利冰淇淋「見風就融」，不易持久與運送，商業條件限制比較多。所以啦，在市面上這種嬌嫩怕風的「綿密華麗的天堂滋味」，更顯得難能可貴了。

還是說說冰淇淋的由來吧，兩千多年前的古希臘士兵，已經懂得把加了蜂蜜的果汁存放在冰的地窖。到了第七世紀時，巴格達的伊斯蘭教徒開始把水果糖漿藏放在雪地裡冰凍，那個時代大

約是唐太宗的時候。其實，到了大唐時期後葉，中國已經知道利用製造火藥的「硝石」，可以當是降溫製冰的媒介。化學知識：當硝石溶於水時，大量吸熱，可使水溫降至結冰，由此，人們掌握了夏天製冰的方法。所以，國際上有一種說法認為冰淇淋是中國發明的。一直到了十三世紀末，走過絲路的馬可波羅，多年後，離開了中國，回到義大利故鄉威尼斯，他把學自中國的製冰祕方也帶到了義大利。

當年，以馬可波羅的方法所製冰品，精準地說就是「單純的水果冰砂」。經過美食研發後，現代人稱之 Sorbetto，類似冰淇淋但不含乳製品的「法式雪酪」，以新鮮果泥、果汁為主要成分，由於質地比冰砂更細緻，同時熱量也比冰淇淋低，是最近幾年十分受寵的果香口味清爽健康冰品，口感滑嫩濃郁，綿密紮實而不帶甜膩感。東豐路

上的「得意吉」口味有：巧克力、抹茶、鳳梨、檸檬、芒果、奇異果、覆盆子、橘子、野莓和藍莓等等。這種以水果當基底的冰淇淋，不添加人工色素、香料、奶油，人體負擔少。所以，對於此頂級口感的 Sorbetto，幸福濃郁及愛情甜蜜的天堂味道，就放手大快朵頤吧！健康理由，對於老人與幼童更是鼓勵再三呢。

至於，添加牛奶、鮮奶油甚至蛋黃的冰淇淋，稱之gelato。基本上，好吃的義大利冰淇淋口感，跟以濃郁著稱的 Häagen-Dazs，另有獨一無二令人陶醉、香純滑嫩的感受。其實，光是知道義大利政府有明文規定，所有冰淇淋製品脂肪含量不能超過百分之八，比起動輒百分之十五或二十以上脂肪含量的美式冰淇淋，光是用想的，就讓冰淇淋酷愛族的內心罪惡感頓時少了許多。所以，想要品嚐幸福滋味又要兼顧健康，gelato，你可以熱情饗食。位於東豐路的「得意吉」，我常前去，佐著黑咖啡，那是我的幸福角落。另外在安平白鷺灣的「蜷尾家冰淇淋」，你也可以試試。

—得意吉冰淇淋店—
台南市北區東豐路323號
06—236—5377

—蜷尾家經典冰淇淋—
台南市安平區安北路720號
06—290—5669

霜淇淋。

第三堂 口味「著時」，府城新興的散步甜食經典

季節對了，美味對了，路邊小店就紅了。「甜食散步」就是沒有座位的美食，轉角的「蜷尾家」霜淇淋，口味成熟而細膩豐富，以南台灣陽光當是佐料，成了府城三大要排隊的小吃店，創下了府城美食的紀錄。店鋪立面仿日本的木造街屋，長木椅、書法燈籠，布幔……成了有想像性的時空魔法。這是一個神奇的美食產業故事。值得細細介紹始末，因為它改變了台灣冰品生態，也註記這個美味的神奇可能性。從如此一個熱門小店的現象，成了國內兩大超商的金雞母。

我喜歡大大的日本味 logo ，根本就是霜淇淋的鳥瞰模樣

根據《中國時報》二〇一四年七月十五日新聞：全家超商之「水果口味霜淇淋均使用百分之百濃縮果泥和新鮮水果製成的果汁混合製成，加上水、糖、奶粉等為基礎原料。店鋪所販售之調理食品，依據目前法規，並未規範食品成分標示方式。」至於小七則表示：「北海道十勝霜淇淋乃是委由日本北海道最大的乳業公司四葉乳業所研發生產，堅持採用十勝當地每天到牧場集乳的生乳為乳原料來進行生產製造，過程中無須添加水或奶粉粉料。」有沒發現國內兩大超商都是選擇性的表態，沒說假話，也沒說真話。

其實霜淇淋就是比較軟的冰淇淋，稱之「雪糕」（其實兩者還是有差異），它的出現遠遠晚於冰淇淋，約是一九三〇年代由英國的食品公司研發出來。基本上霜淇淋的乳脂含量較低，約是百分之三到百分之六，一般冰淇淋則是百分之十到百分之十八（像Häagen-Dazs即是，甚至超過許多），但是霜淇淋的空氣含量較高，也因此比較不易融化（其實還是要忙著趕快吃完），適合盛載於餅筒內，邊走邊吃。由於霜淇淋味道宜人，細膩滑潤，涼甜可口，色澤多樣，在炎熱季節裡備受青睞。

一般霜淇淋是用牛乳（或乳製品）、蛋（或蛋製品）、甜味劑、香味劑、穩定劑（這些東西的術語稱之base）及食用色素做原料，再加上「主題食材」，經冷凍加工而成。基本上，它是近代成功的科學食品。製作這些冰品美食，有一個關鍵溫度點：攝氏零下二十五度，這是冰晶點，過了這個溫度，水分或是牛奶都會開始結晶。而霜淇淋的溫度高於冰晶點，所以還是容易融化。製作霜淇淋的base非常關鍵，蜷尾家完全使用義大利進口，價格不菲（這是創店時的設定品質高度），那是超過六十年的供應商，品質遠遠優於國內兩大超商。想想，便利商店的補極線長，產量也大，製作技術必須工業化，而且「延長保存期限」也是目標。關於這一點，以手工製作的霜淇淋店家，相對於超商的霜淇淋，是缺點也是優點。

蜷尾家創店年分不是很久遠，卻已經開發超過七十種口味，每天僅供應一種或是兩種，前來品食的食客，完全不知道今天將會「遇見」哪一種口味？這個策略有趣，也說明了店家完全取決於當季著時食材，有些限制，卻是行銷賣點。唯一確定的，中秋當天是柚子口味，應景，也應時。

一蜷尾家霜淇淋鋪一

台南市中西區正興街92號

千層薄餅。

第四堂

舌齒輕輕一抿，打開法式甜食的味覺想像力

先認識一種好吃的「洋食」，可麗餅，有時稱之法國薄餅，這是一種比薄烤餅更薄的甜品。此美食源自法國西北部的布列塔尼地區，今天不只全法國都流行，而且風行全歐洲和世界許多角落。基本做法：先在烤盤煎烤出一片片薄餅，輕薄不厚。首先，放一片可麗餅在底，然後塗上適量餡料，再鋪放上一片可麗餅，接著再塗料，重覆地將一片片疊堆起來，最後在上面做喜愛裝飾，即成。

因為疊了好多層，大約四十多層的薄餅夾著四十多層漿料，所以喜稱「千層」。但是，前後加起來有八十多層的工序步驟，對許多店家而言，覺得繁複，甚至煩瑣了些，人工成本不符經濟，顯得價位頗高，所以，「千層」往往簡化成「十層」，售價是降了，但是美味也降了。薄餅不怎麼薄，中間的餡料也改塗抹得厚厚的，口感已不是千層薄餅，而是變得接近蛋糕的蓬鬆感。理論上，當真正的「千層薄餅」擺盛在盤上，你拿著小叉子，對準薄餅前端，當你正在切下適口的一小塊時，指尖手感會有「噠噠噠噠……」極輕微地震動，如同你用門牙一口咬下，上額也會有這種神奇的輕震微妙旋律，這才是「千層薄餅」最迷人的見面禮。然後，舌齒輕輕一抿，接下來就是華麗食材醇厚香味與甜美了。

「深藍」的林昭吟小姐鍾愛普普風，於是就讓它成了深藍咖啡館的店面主調，許多輕柔色彩的圓圈圈色塊，顯得很現代、很輕盈。小圓桌、白圈椅，連櫥窗設計都有很精準的美學語彙，所以我說，「深藍」是間「靚店」。講究的，美美的外帶紙盒，尤其精選的名家咖啡杯和點心盤，簡潔素雅。這些都是外在現代生活美學，至於「深藍」內在的幸福是什麼？就是薄餅的食材。府城有諸多美食店家老闆，他們共同有一種「無可救藥地對食材講究的偏執」，林昭吟小姐就是其中之一。

關於「深藍」的法式千層薄餅，餅皮要煎焙地很薄，能透光，麵粉裡不加水，只加鮮奶、土雞蛋和其他配方祕密，單獨的餅皮略褐焦，醇香輕甜軟嫩。我們就來說說「已經被許多部落客拿來讚歎」，甚至被封為「團購合購蛋糕界裡的ＬＶ」。薄餅大約有八種口味，基本上每一種口味主題都蠻突顯的，入門的原味柔醇、焦糖香甜、芝麻濃厚、草莓清新。

先介紹我喜歡的「摩卡」味，單獨熬煮調製的醬漿，裡面的咖啡搭著法國進口的巧克力，咖啡的輕郁與巧克力厚濃，兩者的協調如同華麗圓舞曲的兩位舞者，從味蕾轉間到鼻腔的深刻印象。日本風的「抹茶」味，其中的靈魂食材則是選用宇治抹茶，加入了蜜紅豆，就成了很悠閒舒緩的二重奏，綿細細的，很清雅，因為味道對了，所以京都的步調具有踏實的生活感就出來了。

深藍帶著「驕傲地，不想輸人」又偏執講究的「味覺想像力」，在府城傳統美食環繞之下，開啟另一扇窗，有陽光的一扇窗。兩年後將喬遷至安平區，那是令人期待的獨棟清水混凝新建築。

…………………………

「深藍咖啡館」
台南市東區府連東路５５號
０６－２３８－７７２２

「滿足花園」
台南市歸仁區大明街１３９巷３６弄１１號
０６－３３８－７７２７

天公好運餅。

第五堂

以府城「四大奇匾」發想的文創酥餅

幾年前，金融大海嘯之際，所處的社會普遍有一種世紀末的不安，憂鬱強烈地漫延著。在當時，許多人有一種站在黑洞前隨時都有被吞噬的惶惶心情。媒體不斷地報導更多壞消息，有人一輩子的積蓄一夕之間蒸發了，有人被強迫無薪休假，有人失業，有人失眠，大家都在等待春天的燕子，大家都屏息觀望疏困專案，大家都在找出口。

福樂屋的朱老闆是我在書寫《慢食府城》時，採訪草莓大福時認識的，他也被我戲稱為「台南

紅色喜氣，從右到左分別是堯舜禹，祂們就是三官大帝

十大食材偏執狂」，台南小吃有一些店家極端講究食材的品質和烹調，我很感動，所以給了他們江湖名號。

就在金融海嘯的當年，他開發了類似鳳梨酥，內有多種新鮮堅果仁和乳酪蛋黃製成的長形漢餅，長形是為了好拿好咬食。他邀我試吃，希望給點口味上的意見，結果，我竟幫他執行了整個行銷企劃，四入裝，送禮的收禮的，彼此都沒負擔。其中，包裝外盒做了「與台南廟宇文化結合」的嘗試。

首先，長形酥餅的外包裝，以台南眾多寺廟中最膾炙人口的「四大奇匾」當是素材：城隍廟的「爾來了」、祀典武廟「大丈夫」、竹溪寺「了然世界」和天壇的「一」字匾。不用照片，重新黑筆繪過，希望以純粹的書法之美展現素雅，然後印製在描圖紙上，不要全黑，選用了深色炭筆色，單色印刷。然後將酥餅包裹起來。

概念是「用想法，送你一個祝福」。外盒部分以紅色當基底，酥餅名稱：「天公好運餅」，這個餅名的定案非常快速，想想應是「政治正確」的關係吧！福樂屋近天壇，就是大家口中的天公廟，而此廟是府城香火最鼎盛者，創建於咸豐四年，台灣最古早的天公廟。福樂屋就位於巷口，兩分鐘的路途，深受眾神庇護之地。所以在當年大家都憂心忡忡的時刻，「好運」，尤其是來自「天公的祝福」更顯得意義深遠。最明顯的是外盒三位古代帝王的繪像，他們分別是大堯、大舜、大禹，在道教世界他們分別是天官帝君、地官帝君和水官帝君，合稱「三官大帝」，賜福、赦罪、消災。其神格僅次於玉皇上帝，基本上他們仨就是天皇上帝在人間的代理神祇與分身，白話就是人間的總理。

二〇一三年，再接再厲，台南市文化局的七夕活動，我湊熱鬧再設計了「守護神聯盟」人生四喜糕餅禮盒。四種新口味，四喜，也賜喜：

七娘媽．兒童守護神，蜜柚味（寶柚與保佑）

註生娘娘．嬰兒守護神，荔枝味（貴妃有貴氣）

月下老人．愛情守護神，芒果味（盲目而酸甜）

五文昌．考生守護神，桂圓味（鯉魚躍龍門）

｜福樂屋麻糬｜

南台南市中西區忠義路二段113號

06－221－2727

赤崁黑糖。

第六堂
找回遺失的古早味，見證台灣四百年糖業故事

台灣的蔗糖曾經叱吒國際（從荷據時期到日治時期），而最早的蔗田就在「赤崁」，那是近四百年前的事，屬於荷據時期，一六二一年，荷蘭人從巴達維亞引進蔗苗在赤崁種植。另一方面，福建移民也來了，他們把福州「孔明鼎」傳統古法技術引進赤崁，於是這種黑糖稱之「赤崁糖」。這是一種胚糖（原料的意思），需要再加工才能成為我們熟悉的「黑糖」，或是更精進的紅糖、白糖、冰糖。黑糖的味道，甜而不膩，微苦輕酸，還有一點古

樸煙薰炭香味，同時，留存多種礦物質與營養成分。

十月起，甘蔗開始熟成，台灣目前兩座僅存的善化糖廠、虎尾糖廠在十二月的冬至開始生產蔗糖，直到次年三月春分左右停車休工。近十幾年來，位於台南的南化水庫水源保護區「關山村」，有多家糖廍也在冬季用四百年的古法製作黑糖，費時費工，但是糖色糖味迷人。

所謂「糖廍」，清領時期通常都在甘蔗園旁以竹木搭建的簡易建築，屋頂及四周覆蓋甘蔗葉或稻草，外觀成鐘型狀。糖廍內兩個主要的設備，一是鍋灶，通常用大口徑的「孔明鼎」熬煮糖汁，以木柴為燃料。二是榨蔗汁用的轆車，早期用堅硬的木頭或石頭雕鑿而成，由牛隻拉著石轆車，不停地環走，產生動力壓榨甘蔗汁。這是那個年代的畫面。現代的畫面，除了沒有牛隻動力，竹木建築改成紅磚工寮，其餘皆同。

甘蔗熟成後，砍株、榨汁、過濾，再以木柴慢火熬煮逼出水分，一些講究的糖莊，他們依循古法，完全使用龍眼樹及其他硬質木頭當柴火。熬煮過程之中，湯漿漸漸濃稠，總共要換四次鍋，就是「四次走水」，稱之「四重鼎——走水煉製法」。百分之百甘蔗汁約是八個小時煉製，完整糖蜜中也含有乳酸菌、酵母菌，這是活性黑糖。

關山村又名「螢火蟲的故鄉」，空氣清新、水質純淨、無農藥汙染。糖廍主人張飛龍，其祖父早在日治時期就在此地偷種甘蔗、私建糖廍，以牛動力榨汁煮糖。光復後張飛龍跟著阿公一起造糖，從小耳濡目染，也學會了造糖的過程。之後，台灣糖業崩落，玉井糖廠走入歷史，蔗田開始種龍眼、芒果。直到十多年前，張飛龍知道阿里山有人以傳統古法煮糖做為行銷，張飛龍看到了商機，於是邀集了村裡四、五戶人家一起種甘蔗，然後由他來負責熬煮黑糖，並交由貿易商直接外銷日本沖繩。於是台灣的黑糖回來了。

我喜歡網路上的標語：「吳易隆赤崁黑糖找回遺失的古早味」。台南有句刻薄古諺，嘲笑「面貌長得抱歉，喜歡濃妝豔抹的女人，結果容貌姿色依然無效。」那句話是「卡梳也是雞母毛、卡妝也是赤崁糖」，梳髮了半天，髮型還是像母雞；塗抹了半天，臉色還是像黑糖。然而，這個古樸優雅的赤崁黑糖，近年在吳易隆推動下，將張飛龍的關山黑糖轉入內銷，更以精美包裝，與HACCP「食品危害分析重要管制點」觀念，完整展現古早味「赤崁糖」的現代價值。

—赤崁堂—
台南市中西區永福路二段178號
06—223—0209

鴛鴦餅。

第七堂

多層酥皮裡包裹著黑白雙餡，「台」「和」混搭的老派美食

鴛鴦餅，老派的美食，早年那是府城極受歡迎的喜餅。因為內餡有黑（烏豆沙）有白（麻糬），兩者交融所以稱之「鴛鴦」。名字吉利極了，一直是喜餅界的明星。

多層的酥皮裡包裹著，以和菓子工法製作的豆沙餡與杏仁味的麻糬，直徑二十公分，厚度約是兩公分，是老台南最懷念的古早味。做法是先將南杏水磨成漿，與糯米粹一起攪拌，蒸熟之後，用力搗過成了「有杏仁味的麻糬」。揉成球狀，再

綿細優雅的紅豆泥與黏稠白糯，比例完美，豐腴美味

包覆一層烏豆沙，最外層是皮衣。緩緩壓扁，押上紅紅「囍」字，入烤箱先烤底部，再翻身。正面朝上塗上蛋黃汁，二度送入烤箱，前後時間大約二十分鐘，不能太久，免得將麻糬烤硬了，皮酥，餡軟。

整塊送人剛好，自己吃，放心，可以四分之一塊買。甜而不膩，紅豆綿細，杏仁雅香，內心麻糬嫩綿，這是和菓子工法，多層薄片的餅皮卻是酥香的漢餅技法，一口咬下，充滿杏仁與豆香交乳，酥皮與軟麻糬交揉（純漢味沒有麻糬，卻有稱之水晶的舊奶酥）。這一味鴛鴦餅，屬於台式與和式的混血美食，趣味，卻是和諧。

美食，是反應在地生活的滋味。在台灣，一些有歷史的舊城、富裕的小鎮都有其著名的老餅鋪，隨便都超過了百年，因為這是早年富饒的象徵。台南有許多百年漢餅老店，似乎也沒那麼訝異，但是有一間百年的和菓子店混著漢餅工夫，這個就比較稀奇了。

這家老店的故事，從日治時期說起，第一代陳清吉，原是賣牛奶起家，人稱「牛奶吉」。第二代陳本長在日本師傅田甘秀一所開的「甘泉堂」學藝。光復後，日本師傅關店走了，陳本長開店，取名「甘本堂」，「甘」是紀念日本師傅，「本」是自己的名字，繼續提供日本人道地的和菓子。第三代陳茂雄接手，增加鴛鴦餅、綠豆椪，還做起紅豆、奶油（即克林姆）等麵包，創下店家的鼎盛時期。之後，因為超商、大賣場也賣麵包，甘本堂生意開始走下坡，二〇〇六年關店。

半年後，曾經在台北喜來登飯店點心部當過師傅，去過東京製菓學校研習的第四代陳奕彰願意接手了。老店又回來了，店面變得現代感，潔淨，明亮。仍然可以買到當年的和菓子，致力維持上一代留下來的傳統口味，這個就是美食傳奇！當然，百年老店也有不少新品開發，有了年輕人的新味提拉米蘇盆栽蛋糕，像是烤乳酪蛋糕、烤日式年糕、或是極受歡迎的小綿綿、起司球等，麵包也增加了上百款。這是新舊交揉，卻又漢味、和風分得條理的經典老店。

「甘本堂蛋糕烘焙坊」
台南市中西區民生路一段35號
06－223－3632

「舊永瑞珍餅鋪」
台南市中西區永福路二段181號
06－222－3716

椪餅。

第八堂 從傳統的「月內餅」，變成了府城的「文化餅」

有一次看到日本美食節目，介紹包著神奇餡料的老店甜點，節目進行中一一展示了四種，最後壓軸，引起來賓驚呼的竟然是「椪餅」。這時我才恍然大悟，原來台南特有的椪餅，早在百年前已經飄洋過海，在日本的角落默默地傳承了下來。

椪餅，明朝初年的東西，應該已經有六百多年歷史了，三百多年前與漢文化同時到了府城。

椪餅製作過程中是不添加任何色素、膨鬆劑，外

當年信裕軒餅鋪巧思製作「九歌」香餅，開了文化餅的可能

皮是麵粉，內餡是以麥芽糖、黑糖、麻油、花生油製成的（有時也會添加蜂蜜），烘焙時遇熱產生氣體膨脹，使得椪餅可以做得圓鼓鼓的，所謂「椪」的台語意思就是「膨脹」的動詞。

觀念上，婦女生產坐月子時，需要加強營養補充。早年，府城人會在麻油雞之外，以椪餅當是做月子的「輕食」，於是椪餅有了「香餅」、「凸餅」、「月內餅」等其他名稱。當年，月內餅的吃法如下：以麻油熱鍋，加入薑片，椪餅入鍋香煎，餅上面挖出一個洞，打個雞蛋進去（有人會添加龍眼乾增味，起鍋前再滴入些許米酒）。老一輩的都會說：「吃三個椪餅就等於吃一隻麻油雞一樣補」。就現在營養學的觀點來看，黑糖具有涼血作用，麻油含有高熱量，蛋類又含有豐富的蛋白質和維生素A、磷、鈣。

近年，椪餅成了府城的「文化餅」，目前市面口味分黑糖與白糖兩種。除了乾吃，有人會戳一個小洞，將一整顆府城道地的古早味烤布丁放入餅中，外脆內軟，兩味合一，別有一番腴香風味，頗受歡迎。

二〇〇七年，雲門舞集重演《九歌》，蔣勳也完成《舞動九歌》一書。蔣勳南下演講，公園路上的「奉茶」布置九歌情境，桌上有睡蓮。開講前，將睡蓮花苞裡沁了一夜的茶葉，解開，倒出茶葉，沖出清冽花香的茶水。這是台南好友們與我，為蔣勳老師召開的新書記者會的開場畫面。活動中，有「信裕軒餅鋪」在椪餅上印著「九歌」紅色二字，記者會上引起騷動，我當它是「@台南的九歌」注腳。二〇一五年春天，我如法炮製，情商「舊來發餅鋪」印製「府城舊日子」，當是《府城舊日子》新書發表會的禮物。未來，椪餅應該「老枝新葉」有更多可能，期待！

—舊來發餅鋪—
台南市北區自強街15號
06—225—8663

—信裕軒餅鋪—
台南市中西區民族路二段389號
06—228—5606

—萬川號餅鋪—
台南市中西區民權路一段205號
06—222—3234

—寶來香餅鋪—
台南市中西區水仙宮市場內
06—227—6886

柴梳餅。

第九堂

似古代閨房的梳子，甜鹹交織的古味絕配茶點

柴梳餅是甜鹹交織的古味絕配茶點，屬漢餅點心類。稱柴「梳」餅，因其半圓形的外觀相似古代婦女閨房所用的梳子，而「柴」者，就是木，那是早年一般婦女多使用檀木等硬木所製成的梳子。我們順便理理古人的「梳子」：梳篦，合稱為「櫛」，分開是指梳子和篦子，也做「梳枇」。梳子齒疏，一般用來梳理頭髮、長鬚；篦子齒密，主要用來去除髮垢。材質大多為木、竹製。如果用金、銀、象牙、水晶、玳瑁、嵌玉鑲珠等珍貴材質製成，那是大家閨秀的。古代民間習俗女子

靜靜看著烤箱的柴梳餅，高溫下漸漸膨脹隆起

出嫁前，家人要為其梳頭，所謂的「一梳梳到底，二梳白髮齊眉，三梳子孫滿堂」，每一梳都是家人溫馨而美好的祝福，也寓有愛意的傳遞。「梳」是閨中之物，也被視為愛情的象徵。

柴梳餅又稱之「沙西餅」，沙西取的是閩南語「ㄙㄚ ㄙㄟ」的近音字。ㄙㄚ ㄙㄟ者，就是半圓形梳子的古名稱呼，因為造型所以取名「ㄙㄚ ㄙㄟ仔餅」，寫成國字，就變成「沙西餅」了。

柴梳餅也稱蒜蓉餅，則是口味的關係。這種餅的味道頗佳，有種深遠、熟悉卻又難以捉摸的韻味。第一次品食的人，一定會驚喜這種「複雜又優雅」的味道，然後開始猜想這種半甜半鹹的配料究竟為何。台南老餅鋪多是內餡包有蒜頭、川芎、肉桂等多種原料，甜鹹交揉的口感與茶一起搭配著吃，滋味獨特。至今，廟宇節慶祭祀時，台南人也常以柴梳餅做為敬拜神民的糕點食品之一。老派的台南人珍惜此物，日常泡茶聊天，柴梳餅仍然是不可或缺的一項充滿古早味的糕點。

這個老滋味，除了台南之外，台中、新竹的老餅店也曾見其蹤跡。台南水仙宮市場裡寶來香餅鋪、民權路二段萬川號餅鋪、西華南路的富香齋餅鋪等等都有此古早味。我想推薦舊來發餅鋪，位於開基天后宮的廟口，這爿老店目前第六代已經上陣了，想想世世代代呵護著傳統老味道，府城的食客真是幸福。舊來發所在位置，三百年前名稱之「大銃街」，兩百年前稱之「水仔尾街」，七十年來改為「自強街」，這條街道是「米街」（新美街）的北端延伸，一直穿過小北城門，直達諸羅（嘉義），用現代說法就是「清朝的台一線」，可以想像舊時此地的街肆人流。如今老街靜謐了，老店依然飄香，真好。

一舊來發餅鋪一
台南市北區自強街15號
06—225—8663

古月餅與平安糕。

第十堂

老餅配老茶，見證府城庶民生活好日子

「萬川號」創業於一八七一年，那是同治十年。同一年在歐洲，普魯士國王威廉一世在法國巴黎凡爾賽宮登基為皇帝，德意志帝國建立，德國統一。在日本，明治天皇的明治維新已經進入第三年。在中國，俄羅斯借機侵占伊犁。左宗棠進駐甘肅，當地回軍領袖馬占鰲投降，被左宗棠編入清軍。

百多年前，從福建移民來台的陳源兄弟，將

古月餅烤得酥脆，一口咬下，餅皮上的芝麻迸飛四散

家鄉的點心包子引進台南，沿街叫賣，清同治六年兄弟合力經營「萬順餅店」。幾年後兄弟分家，陳源獨自販賣包子、餃子與古漢餅，於一八七一年，同治十年，在今址處購地開店，取名「萬川號」，「川」自取「順」之半邊，表示兄弟分家，各人自立門戶，巧思又具意義。

萬川餅鋪如今已由第四代接手，完全承襲古法製作，有各式府城傳統老式糕餅，如老婆餅、椪餅、鳳片糕、古月餅、沙西餅、白糖粿、椪舍龜、涼糕仔、麻油糕、話梅糕、桂花糕等等，都是歷久不衰，令人懷念不已的傳統古早味……萬川號從清代一路走來，也見證府城庶民生活多采豐富，風華萬千。

古月餅，古時稱它為「胡椒餅」或「招呼餅」，傳到後來，有人將「胡」字拆開稱它為「古月餅」，外皮香硬，鋪滿一層的芝麻，中空，皮內側有一層Q軟糖餡，很有嚼勁。古時候吃法，外皮挖個洞，塞入剛炸好的豬油渣，上面沾些胡椒，趁熱吃，口勁十足。古月餅並非所謂「椪餅」、「香餅」，但感覺有一家人的味道，如果椪餅是妹妹，古月餅則是哥哥。

至於古早味「平安餅」，因做法差異分成兩類：一種糕仔是直接把糕仔粉與糕仔糖混勻之後，過篩，直接壓模成型，即可食用。如果糕仔粉的輔佐原料是熟綠豆粉，就叫綠豆糕；如果是奶粉，就叫牛奶糕；如果是芝麻磨粉，就叫芝麻糕；如果包有油蔥酥與胡椒鹽即稱之鹹糕仔。相關的還有花生糕、杏仁糕、梅子糕等等。另一類則是壓模成型後，要蒸炊過，為的是耐久存與搬運，口感也多了紮實與彈韌。早年廟宇重大祭祀節慶，總製作這種甜味或是鹹仔糕，再分送給善男信女保平安，所以多了「平安糕」稱謂。近年也有人買了糕仔做貢品、賜求平安。

我當它是茶點，佐著烏龍茶。在台南，幾則舊事，幾杯老茶，幾盤糕點，就是好日子。

| 萬川號餅鋪 |
台南市中西區民權路一段205號
06－222－3234

後記

下次，我們帶著筷子一起去小鎮旅行

我的工作就是生活，我是這樣期許自己的。

因為閱讀寫了美食、建築、歷史，因為旅行讀了山野、城鄉和生活。從書寫者起身，成了「浩克慢遊」旅行腳節目主持人，慢遊有，主持沒有，反正在行程之間，自在地認識新的朋友和他的生活總是最愉悅的經驗。旅行中，看到許多有趣的角落風景，輕快地按下快門，珍藏幸福。

慢遊中，我不挑食，總喜歡嘗試不同食材與調料，即使一碗白飯簡單菜色，足矣。如果是佳餚美食，我也不錯過品嚐。愛吃的我，有一雙和我一起旅行的筷子。用傳統紅花布捲包著，適手好用，那是一位開民宿的舊友相贈，他說這是來自竹山故鄉的青竹所製，伴我走南北，吃東西。

這些日子的慢遊，非名山大水，盡是尋常菜市、老街、水田、農村、山城、驛站等等，接觸的也是平凡過日子的人們，然而卻是津然有味，盡興旅行。累積出小體悟：所有的美好，都是留給速度慢的人。

下次，我們帶著筷子一起去小鎮旅行。

國際牌
電機行
電腦伴唱
冷氣・洗衣
卡拉OK

看世界的方法 095

小吃研究所
帶著筷子來府城上課—下冊

文字・攝影　王浩一

封面插畫　林家棟
美術設計　吳佳璘
責任編輯　林煜幃

董事長　林明燕
副董事長　林良珀
藝術總監　黃寶萍
執行顧問　謝恩仁

總經理兼總編輯　許悔之
經理兼主編　林煜幃
財務暨研發主任　李曙辛
行銷企劃　石筱珮
編輯　施彥如
助理美術設計　吳佳璘

策略顧問　黃惠美・郭旭原・郭思敏・郭孟君
顧問　林子敬・詹德茂・謝恩仁・林志隆
法律顧問　國際通商法律事務所／邵瓊慧律師

出版　有鹿文化事業有限公司
地址　台北市大安區濟南路三段28號7樓
電話　02-2772-7788
傳真　02-2711-2333
網址　www.uniqueroute.com
電子信箱　service@uniqueroute.com

總經銷　紅螞蟻圖書有限公司
地址　台北市內湖區舊宗路二段121巷19號
電話　02-2795-3656
傳真　02-2795-4100
網址　www.e-redant.com

ISBN：978-986-92020-5-3
初版：2015年10月

定價：360元

國家圖書館出版品預行編目(CIP)資料

小吃研究所：帶著筷子來府城上課 / 王浩一著 .
—初版 .— 臺北市：有鹿文化, 2015.10
面 ; 公分 .— (看世界的方法 ; 94-95)
ISBN 978-986-92020-4-6 (上冊：平裝)
ISBN 978-986-92020-5-3 (下冊：平裝)
1. 飲食風俗　3. 臺南市
538.7833　104017499